Jim Knopf findet's raus

Michael Ende

Jim Knopf findet's raus!

Geschichten über Lokomotiven, Vulkane und Scheinriesen

Nach Motiven von Michael Ende
erzählt von Beate Dölling

Mit Bildern von Mathias Weber
nach den Originalen von F. J. Tripp

Thienemann

Inhalt:

Unter der Haut sind wir alle gleich . . . 7

In der Sahara kann man sich schnell verlaufen . . . 16

Von Dattelpalmen und Kamelen . . . 25

Traue nie einer Fata Morgana . . . 31

Außen knusprig – innen weich . . . 38

Auf Schienen durch die ganze Welt . . . 45

Wenn die Stimme zurückkommt . . . 54

Von Enterhaken und Zwiebeln . . . 60

Wenn die Erde Feuer spuckt . . . 70

Bei Regen kann es auch gemütlich sein . . . 77

Wenn es Millionen Jahre regnet . . . 84

Das schönste Paket . . . 92

Wenn man Buchstaben streichelt . . . 100

Mit ein bisschen Glück geht alles . . . 108

Von Zunder, Funken und Feuersteinen . . . 115

Die Kuchen der Erde . . . 131

Wenn man liegt, wächst man besser . . . 138

Werden Fische müde? . . . 146

Der mutigste Untertan von Lummerland . . . 154

Bis der Kuchen fertig ist . . . 165

Jede Sternschnuppe ein Wunsch . . . 176

Der Schlaf ist wie eine Werkstatt . . . 185

Im Traum kann man alles . . . 191

Mein bester Freund . . . 197

Unter der Haut sind wir alle gleich

An einem schönen Sommertag sitzen Jim Knopf und Lukas der Lokomotivführer auf der dicken Emma und sonnen sich.

»Ahh, tut das gut«, sagt Lukas und blinzelt in die Sonne.

»Fantastisch!«, schnaubt Emma, die gute alte Lokomotive, der es nie heiß genug sein kann.

»Ja. Schön«, sagt Jim und fügt nach einer Weile hinzu: »Aber auch ein bisschen langweilig.«

»Du bist schon ganz braun«, sagt Lukas zu Jim und lacht.

»Ich bin nicht braun, ich bin schwarz.« Jim hält seinen Arm neben Lukas' Arm. Der ist auch schwarz, aber von der Kohle und vom Ruß.

»Wieso bin ich eigentlich schwarz und du weiß?«, fragt Jim.

»Ich bin ja auch nicht weiß«, sagt Lukas. »Ich bin schon ein bisschen braun unter meiner Rußschicht. Das kommt von der Sonne. Die bräunt.«

»Ja, aber normalerweise bist du weiß.«

Lukas nickt. »Ich bin so geboren, mein Junge. Und du bist schwarz geboren. Das gibt es.«

»Aber warum?«

Lukas setzt sich hin und schiebt sich die Mütze zurecht. Das macht er häufig, wenn er überlegt.

Herr Ärmel kommt vorbei, wie immer mit Hut und Schirm.

»Bei so einem schönen Wetter muss man doch spazieren gehen«, sagt Herr Ärmel.

Jim fragt Herrn Ärmel, warum er eine dunkle und Herr Ärmel eine helle Haut hat.

»Ja, das habe ich mich auch schon mal gefragt«, sagt Herr Ärmel. »Ich glaube, es ist einfach so, dass manche Menschen eine dunkle und andere eine helle Hautfarbe haben.«

Frau Waas kommt dazu. Sie hat kalte Limonade in einem Korb mitgebracht. Herr Ärmel fragt Frau Waas, warum es schwarze und weiße Menschen gibt.
Sie stellt den Korb ab. »Es gibt ja auch Menschen mit brauner, roter und gelber Hautfarbe. Aber warum das so ist ...«
»Lauf doch mal zu unserem König«, schlägt Herr

Ärmel vor. »Der kann diese Frage bestimmt beantworten.«

Jetzt wollen es aber alle wissen. Deshalb fahren sie gemeinsam zum König.

Alfons der Viertel-vor-Zwölfte telefoniert gerade. Als er fertig ist, freut er sich sehr über den Besuch seiner Untertanen.

»Na, das ist ja eine Überraschung!«, ruft er und schüttelt allen einzeln die Hand.

Dann kann Jim nicht länger warten und stellt seine Frage.

Der König kratzt sich am Kopf und überlegt. »Das ist eine sehr interessante Frage. Ich werde gleich mal versuchen, eine gescheite Antwort zu bekommen. Kleinen Augenblick.« Dann setzt er sich auf seinen Thron und nimmt den Hörer von seinem großen, goldenen Telefon und telefoniert – und telefoniert – und telefoniert ...

Endlich kommt er von seinem Thron herunter und sagt: »Also, mit den Hautfarben ist das so: Es gibt einen Farbstoff, der heißt Melanin. Dieser Farbstoff befindet sich im Körper. In meinem, in deinem, in Jims – in jedem Körper. Wie viel jeder von dem Farbstoff in sich trägt, kommt auf die Familie an. Wenn der Vater oder die Mutter schwarz sind, geben sie viel von dem Farbstoff an ihr Kind weiter. Haben sie ganz wenig davon, also eine helle Haut, wird ihr Kind auch eine helle Haut haben. Menschen, die irgendwas zwischen viel und wenig haben, sind braun oder gelb oder gelbbraun.«

»Oder rot«, ergänzt Frau Waas.

Alfons der Viertel-vor-Zwölfte nickt. »So ist das nun mal, mein Junge. Und je mehr dunklen Farbstoff man in sich hat, umso besser ist man vor der Sonne geschützt.«

Die Untertanen bedanken sich beim König für die Informationen und fahren wieder zurück zur Bahnstation.

Herr Ärmel möchte noch ein bisschen spazieren gehen und Frau Waas hat noch in ihrem Kaufmannsladen zu tun.
Jim und Lukas legen sich auf Emma wieder in die Sonne. Nach einer Weile schimmert Lukas ganz rot unter seinen Rußstellen. »Huch, ich habe doch wohl keinen Sonnenbrand«, sagt er und schaut zu Jim.

»Da hast du es gut, dich verbrennt die Sonne nicht so schnell. Kommst du trotzdem mit mir in den Schatten?«
»Ja«, sagt Jim.
Sie setzen sich in den Schatten.
»Wie entsteht eigentlich ein Sonnenbrand, Lukas?«, fragt Jim.
»Wenn man eine empfindliche Haut hat und zu lange ungeschützt der Sonne ausgesetzt ist. Je heller die Haut, desto empfindlicher reagiert sie auf

Sonne. Sie entzündet sich dann und wird rot. – Bin ich schon rot, Jim?«

Jim guckt sich seinen Freund näher an. »Ein bisschen, auf der Stirn und an den Wangen. Am meisten auf der Nase.«

»Ja«, sagt Lukas. »Da spannt auch schon die Haut.«

»Und was passiert, wenn man einen Sonnenbrand bekommt?«, fragt Jim.

»Dann brennt die Haut unerträglich. Wenn es schlimm ist, bilden sich sogar Blasen. Nach ein, zwei Tagen löst sich die verbrannte Hautschicht. Das juckt fürchterlich. Hoffentlich passiert das jetzt nicht mit meiner Nase. Ich hätte mich früh genug eincremen sollen. Es gibt ja genug Sonnencremes. Die halten die Strahlen der Sonne ab, die den Sonnenbrand verursachen. Du hast bei deiner dunklen Hautfarbe einen besseren Schutz, Jim.«

»Ja, ich fühle mich gut in der Sonne, genau wie

unsere Emma. Oder meinst du, die kann auch einen Sonnenbrand bekommen?«

Lukas lacht. »Nein, bei Emma kann höchstens die Farbe abblättern. Aber da muss es schon sehr, sehr heiß sein.«

Im Schatten zu sitzen, tut auch Jim gut. Er schaut auf seine dunklen Arme. »Verrückt, dass es so viele verschiedene Hauttypen gibt«, sagt er.

»Eigentlich ist das gar nicht verrückt«, sagt Lukas. »Das hat die Natur schon gut geregelt. Die Menschen mit heller Haut und wenig Melanin leben im Norden, wo nicht so oft die Sonne scheint. Und die dunkleren Hauttypen findet man im Süden. Je heißer es wird, desto dunkler werden die Menschen, damit ihnen die Sonne nicht so schnell was anhaben kann. Das ist doch eine prima Einrichtung!«

Jim nickt.

»Und es ist völlig egal, welche Hautfarbe man hat. Denn unter der Haut sind wir alle gleich, nicht wahr, mein Junge?«

»Ja«, sagt Jim. Und dann sagt er nichts mehr.

»Was ist denn los mit dir?«, will Lukas nach einer Weile wissen.

»Ich überlege ...«, sagt Jim. »Also, ich überlege, dass meine Eltern auch eine schwarze Hautfarbe haben müssen. Von ihnen habe ich ja meinen dunklen Farbstoff bekommen. Aber wer sind dann meine Eltern? Und wo komme ich her?«

Lukas nimmt Jim in den Arm und drückt ihn an sich. »Das, mein Junge, kriegen wir auch noch heraus.«

In der Sahara kann man sich schnell verlaufen

Frau Waas hat sich vor dem Haus auf die Bank gesetzt und strickt. Jim setzt sich zu ihr. Es ist sehr heiß.

»Hilfst du mir heute Abend, die Blumen zu gießen?«, fragt Frau Waas. »Es sieht nämlich nicht danach aus, als würde es heute noch regnen.«

Jim schaut in den Himmel. Tatsächlich, nicht eine Wolke ist zu sehen. Der Himmel ist ganz blau.

»Es hat jetzt schon wochenlang nicht mehr geregnet«, sagt Frau Waas und seufzt.

»Und was passiert, wenn es nie mehr regnet?«, fragt Jim.

»Dann wird Lummerland zur Wüste.«

»Du meinst, eine richtige Wüste, so wie die Sahara? Was ist überhaupt eine Wüste?«

»Wüsten sind Gebiete auf der Erde, wo nichts wächst – oder fast nichts wächst, weil es nicht regnet«, sagt Frau Waas. »Ich habe mal gelesen, dass

16

Landschaften dann als Wüste gelten, wenn dort deutlich weniger Regen niedergeht als verdunsten könnte. In manchen Gebieten in der Sahara fallen zum Beispiel weniger als hundert Millimeter Regen im Jahr. In Lummerland regnet es viel mehr, ungefähr siebenhundert Millimeter im Jahr. Aber in der Sahara könnten eigentlich zweitausend Millimeter Regen verdunsten, weil es dort so heiß ist. Deshalb gilt die Sahara als Wüste.«

»Aha«, sagt Jim. »Die Sahara ist doch auch die größte Wüste auf der Erde, oder?«

»Ja, und sie ist eine Stein- und Sandwüste«, sagt Frau Waas. »Die meisten Leute denken ja, in der Sahara gibt es nur Sanddünen, aber in Wirklichkeit besteht sie hauptsächlich aus Felsen und Stein.«

Jim sieht von Weitem Herrn Ärmel. Obwohl die Sonne scheint, hat er seinen Regenschirm dabei. Herr Ärmel geht nie ohne seinen Regenschirm aus dem Haus, denn er will auf keinen Fall vom Regen überrascht und nass werden. Jetzt nutzt er den Schirm als Sonnenschirm. Jim winkt ihm zu. Bestimmt weiß er auch etwas über Wüsten.

»Und woher kommt der Sand in der Sahara?«, will Jim von Frau Waas wissen.

Frau Waas erzählt ihm, dass Sand durch die Verwitterung von Stein entsteht. »Wind und enorme Temperaturschwankungen zersetzen und zerbröseln den härtesten Felsen. In der Sahara kann es ja am Tag über fünfzig Grad Celsius heiß sein und sich in der Nacht bis auf null Grad abkühlen. Im Winter sogar noch mehr.«

»Brrrr«, macht Jim und schaut auf den Pullover, den Frau Waas gerade für ihn strickt. »Wenn ich das nächste Mal wieder mit Lukas und Emma in die Wüste fahren sollte, dann muss ich wohl mehrere dicke Pullover mitnehmen für nachts.«

»Und Wasser«, sagt Herr Ärmel, der jetzt vor ihnen steht. »Guten Morgen, ihr zwei.« Herr Ärmel schließt seinen Schirm und lüftet zum Gruß kurz den Hut. Dann schaut er Jim erstaunt an. »Du willst in die Wüste?«

»Nein, im Moment nicht – aber irgendwann schon mal wieder ...«, sagt Jim.

»Also für mich wäre das nichts, durch den heißen

Sand der Sahara zu stapfen. Ich würde erst einmal mit einer Halbwüste anfangen. Das sind Gebiete, in denen es etwas häufiger regnet. Dort wächst auch ein bisschen mehr. Und es ist grüner. Das macht einen Besuch bestimmt angenehmer.« Herr Ärmel wischt sich mit einem Taschentuch über die Stirn. Es ist heute wirklich sehr heiß in Lummerland.

»Außerdem kann man sich schnell in der Sahara verlaufen. Erstens, weil man dort etwas sieht, was es gar nicht gibt, und zweitens wachsen und verändern sich die Dünen.« Jim überlegt, was Herr Ärmel meint. Das ist ja wie ein Rätsel – dass man etwas sieht, was es gar nicht gibt.

»Meinst du etwa eine Fata Morgana?«, fragt Jim.

»Ja«, sagt Herr Ärmel. »Genau das meine ich. Eine Fata Morgana ist eine Luftspiegelung, die Trugbilder entstehen lässt, gerade in der Wüste. Da läuft jemand seit Tagen müde und durstig umher und dann sieht er am Horizont plötzlich eine Oase, also eine Wasserstelle. Aber je näher er kommt, desto mehr verschwindet die Oase. Es ist nämlich gar keine Oase vorhanden, sondern das Ganze ist nur eine Luftspiegelung, die einen an der Nase herumführt. Man sollte also immer genug Wasser bei sich haben, damit man dann nicht so enttäuscht ist, wenn sich die nächste Oase als Fata Morgana herausstellt.«

»Und was hast du mit dem zweiten Punkt gemeint?«, fragt Jim Herrn Ärmel. »Als du gesagt hast, dass Dünen wachsen.«

»Damit meinte ich die sogenannten Sicheldünen. Sie bilden sich aus flachen Sandhügeln. Der Wind treibt Sand auf die Schräge der Dünen hinauf und der fällt an der windstillen Seite wieder herunter. Dort entstehen dann Luftwirbel, die noch mehr Sand in die Düne saugen. So schiebt sich der Sandhaufen langsam, aber sicher vorwärts und wächst.«

»Ich bin auch schon wieder gewachsen«, sagt Jim. Frau Waas lacht. »Ja, man glaubt es kaum, aber in der letzten Woche ist Jim einen ganzen Zentimeter größer geworden. Man kann es an der Tür deutlich sehen. Wir machen ja immer Messstriche.«

»Das kommt von Ihren guten Butterbroten«, sagt Herr Ärmel.

»Und von Frau Waas' leckerem Kuchen«, sagt Jim. »Wir müssen unbedingt mal wieder einen backen und dann alle Leute von Lummerland einladen.«

»Das ist eine prima Idee«, sagt Frau Waas.

»Aber eine Sache möchte ich noch wissen«, sagt Jim. »Wenn es fast nie regnet in der Wüste, wie können dann trotzdem Pflanzen wachsen und Tiere dort überleben? Kakteen, zum Beispiel, und Kamele?«

»Kakteen und Kamele können Wasser speichern«, sagt Herr Ärmel. »Kakteen sammeln in der Regenzeit Wasser in ihren Blättern, Wurzeln und Stämmen. In der Trockenzeit leben sie von ihren Reserven. Und bei den Kamelen ist es ähnlich. Wisst ihr, wo Kamele das Wasser speichern?«

»In den Höckern«, sagt Frau Waas.

Herr Ärmel schüttelt den Kopf. »Kamele speichern den Wasservorrat in ihrem Magensystem – und zwar an die hundert bis hundertfünfzig Liter. Und sie können

sich innerhalb von zehn Minuten diesen Vorrat antrinken.«

»So schnell?«, ruft Jim. »Ich muss unbedingt mal ausprobieren, wie viele Tassen Kakao ich in zehn Minuten trinken kann.«

»Du hast ja keinen Kakaospeicher im Magen, Jim«, sagt Frau Waas. »Du hast also gar keinen Platz für so viel Flüssigkeit.«

»Aber die Kamele haben diesen Platz und sie können ohne Nahrung bis zu dreißig Tage auskommen«, sagt Herr Ärmel.

Jim ist ganz erstaunt, dass Herr Ärmel so viel über Kamele weiß. »Und die Käfer?«, fragt Jim. »Es gibt doch auch Käfer in der Wüste. Trinken die sich auch voll und überleben dann eine Weile ohne Wasser?«

»In der Sahara leben vor allem Schwarzkäfer«, sagt

Herr Ärmel. »Die können auch Wasser speichern, aber sie machen das ganz anders als die Kamele. Die Schwarzkäfer sitzen nämlich jeden Morgen oben auf den Dünen, senken den Kopf auf den Sand und recken das Hinterteil in die neblige Luft. Dabei sammelt sich die Feuchtigkeit aus dem Nebel auf ihrem Körper. Über spezielle Rillen auf ihrem Panzer fließen ihnen dann die Wassertropfen direkt in den Mund.«

»Das muss ja lustig aussehen«, sagt Jim. »Aber woher kommt denn der Nebel in der Wüste? Etwa durch den gewaltigen Temperaturumschwung?«

»Genau«, sagt Herr Ärmel. »Am Morgen ist es in der Wüste taufrisch und sobald die Sonne rauskommt, verdunstet alles.«

»Das kennst du ja auch, Jim«, sagt Frau Waas. »Wenn du im Sommer frühmorgens barfuß durch das Gras läufst, bekommst du nasse Füße.«

»Ja«, sagt Jim. »Wenn das in der Wüste auch so ist,

dann brauche ich unbedingt noch dicke Socken. – Ich muss jetzt mal nachsehen, wo Lukas und Emma stecken. Vielleicht können wir ja schon Pläne für unsere nächste Wüstenreise schmieden.«

Herr Ärmel muss auch weiter. »Beim Spazierengehen sollte man nicht zu lange Pausen einlegen«, sagt er und verabschiedet sich von Frau Waas und Jim. »Es war sehr interessant, mit euch mal über Wüsten zu reden.«

Er lüftet zum Abschied kurz seinen Hut, dann spannt er seinen Regenschirm wieder als Sonnenschirm auf und geht noch ein bisschen spazieren.

Von Dattelpalmen und Kamelen

Jim und Lukas haben es sich an einem schattigen Plätzchen bequem gemacht. Lukas möchte ein kleines Nickerchen machen, er hat schon zweimal gegähnt, aber Jim will unbedingt wissen, warum es in der Wüste Orte gibt, an denen Palmen wachsen – die Oasen.

»Wie können denn die Palmen dort wachsen?«, fragt Jim. »Regnet es über einer Oase mehr?«

»Es regnet nicht mehr, aber eine Oase hat tatsächlich mehr Wasser. Das Wasser kommt allerdings von unten, aus Quellen oder manchmal auch aus Flüssen, die durch die Wüste fließen.«

»Aha«, sagt Jim.

»Wenn es im Gebirge regnet«, fährt Lukas fort, »dann versickert das Wasser im Erdreich, bis es auf eine wasserführende Schicht trifft. Dort fließt das Wasser unterirdisch weiter und sammelt sich als Grundwasser. Mithilfe von Brunnen und Pumpen holt man das Wasser an die Oberfläche.«

»Dann lässt es sich in so einer Oase ja prima leben«, sagt Jim und denkt an Herrn Tur Tur, den Scheinriesen, der in einer wunderschönen Oase wohnt.

Jim erinnert sich noch sehr gut daran, wie es war, als sie ihn besucht haben. Bei Herrn Tur Tur war es gar nicht so heiß gewesen, weil Palmen um seine Hütte herum kühlen Schatten spendeten. Dort hing auch eine Hängematte, die sehr bequem war und in der man herrlich träge schaukeln konnte. Aber Herr Tur Tur hatte den Schatten der Palmen nicht nur genutzt, um gemütlich in der Hängematte zu liegen, er hatte auch einen Gemüsegarten angelegt. In der prallen Sonne wären ihm der Salat, die Möhren und Erbsen sonst sofort verbrannt. Aber im Schatten wuchs alles ganz famos und Jim und

Lukas hatten seinen Gemüsegarten ausgiebig bewundert.

»Aber wie ist das mit den Palmen, die den Schatten spenden?«, fragt Jim. »Wird es denen denn nicht zu heiß in der prallen Sonne?«

Lukas schüttelt den Kopf und muss noch mal ein Gähnen unterdrücken. Er ist es eben gewohnt, einen Mittagsschlaf zu halten. Jim lässt ihn auch gleich in Ruhe, aber die Frage muss ihm sein großer Freund doch noch schnell beantworten.

»Ich habe mal gelesen, dass eine Dattelpalme Temperaturen über fünfzig Grad Celsius aushalten kann und ihre Wurzeln bis zu dreißig Meter in die Tiefe wachsen«, erklärt Lukas.

»Dann braucht man sie gar nicht zu gießen, sondern sie kommen selbst an das Grundwasser heran.«

»Genau, mein Junge. Und die Datteln sind ja auch köstliche Früchte. Je höher der Stamm einer Palme wächst, desto süßer werden die Früchte. Außerdem kann man aus jungen Palmblättern vorzüglichen Salat machen. Und aus den Palmwedeln kann man Körbe flechten und Zäune herstellen.«

»Dann sind die Palmen in der Wüste sehr, sehr nützlich«, sagt Jim. »Wer hätte das gedacht?«

»Ja«, sagt Lukas und reibt sich die Augen. »Und genauso wichtig wie die Palmen in der Wüste sind die Kamele, denn ohne Kamele käme man gar nicht von einer Oase zur anderen.«

»Das stimmt«, sagt Jim. »Wenn wir Herrn Tur Tur das nächste Mal besuchen, könnten wir Emma in einer Stadt vor der Wüste parken. Ihr bekommt der feine Sand ja nicht so gut, weil er durch alle Ritzen dringt. Dann könnte sich Emma ausruhen und wir setzen unsere Reise auf Kamelen fort und reiten zur Oase von Herrn Tur Tur.«

Lukas schaut seinen kleinen Freund strahlend an. »Das ist eine famose Idee, mein Junge. Ich bin so froh, dass dir immer wieder etwas Tolles einfällt. Ich bin in meinem ganzen Leben noch nie auf einem Kamel geritten.«

Jim lacht. »Dann wird es aber Zeit, Lukas! – Und wenn du jetzt dein Mittagsschläfchen hältst, kannst du ja schon mal davon träumen.«

Traue nie einer Fata Morgana

Jim ist auf dem Weg zu Lukas. Er schwitzt, denn es ist immer noch sehr heiß in Lummerland und es hat schon lange nicht mehr geregnet. Alle auf Lummerland stöhnen, außer Emma, der kann es ja gar nicht heiß genug sein. Lukas kommt Jim schon entgegen. Er hat ein Taschentuch in der Hand und tupft sich damit den Schweiß von der Stirn.
»Wie wäre es, wenn wir zum König gehen? Der Palast hat dicke Stein-

wände und Fliesenfußboden. Dort ist es bestimmt schön kühl. Und Alfons der Viertel-vor-Zwölfte hat sicher auch eine kalte Limonade für uns. Was meinst du, Jim?«

»Eine sehr gute Idee«, sagt Jim. »Die könnte direkt von mir sein.« Er lächelt seinen großen Freund an, der sich schon wieder die Stirn mit dem Taschentuch abtupft.

Die beiden gehen zu Fuß. Es ist ja nicht weit bis zum königlichen Palast. Aber wenn es so heiß ist, kommt einem der Weg viel weiter vor, denn das Gehen in der Hitze ist doch recht beschwerlich. Jim klebt vor lauter Durst schon die Zunge am Gaumen, selbst zum Reden ist es zu heiß. Da trocknet einem glatt der Mund aus.

»Vielleicht hätten wir doch mit Emma fahren sollen«, sagt Lukas und wischt sich mit dem Taschentuch über die Stirn. Sein Kopf ist ganz rot.

Jim nickt. Plötzlich bleibt er stehen und zeigt mit dem Finger in die Ferne. »Da«, sagt er und bekommt leuchtende Augen.

»Was ist, mein Junge?«

»Da steht ein Tisch mit drei Gläsern und einem großen Glaskrug Limonade.«

»Wo?«, fragt Lukas.

»Da«, sagt Jim noch einmal und will ihm erklären,

dass er den Tisch direkt vor ihnen, mitten auf der Straße, sieht. Aber sein Mund ist so trocken, dass er nicht mehr weitersprechen kann. Die Luft flimmert ein bisschen.
Lukas nimmt Jim bei der Hand. »Ist alles in Ordnung, mein Junge? Wir haben es gleich geschafft, der Palast ist nicht mehr weit.«

Endlich sind sie angekommen und klopfen an die Tür. Alfons der Viertel-vor-Zwölfte öffnet ihnen sofort und bittet die beiden erschöpften Freunde in seinen kühlen Salon. Da sieht Jim es wieder: einen Tisch mit drei Gläsern und einem großen Glaskrug Limonade.

»Ich habe euch schon von Weitem kommen sehen«, sagt der König, »und euch eine Erfrischung bereitgestellt. Nun trinkt erst mal was, dann können wir uns noch ein bisschen unterhalten.«

Das lassen sich Jim und Lukas nicht zweimal sagen. Jim trinkt ein ganzes Glas Limonade in einem Zug aus.

»Aaaaah, tut das gut!« Jim wischt sich mit dem Handrücken den Limonaden-Schnurrbart ab.

Der König lacht und schenkt nach.

»Komisch«, sagt Jim, als er wieder sprechen kann. »Genau den Tisch habe ich vorhin auf der Straße gesehen.«

»Das war wohl eine Fata Morgana«, sagt der König, »eine sogenannte Naturerscheinung.«

»Eine Fata Morgana auf der Straße?«, sagt Jim erstaunt. »Ich habe heute Vormittag mit Herrn Ärmel über Fata Morganas gesprochen. Ich dachte, die gibt es nur in der Wüste.«

»Nicht unbedingt«, sagt der König. »An sehr hei-

ßen Tagen wie heute kann man das auch auf einer Straße beobachten. Besonders wenn die Straße einen dunklen Belag hat, zum Beispiel Asphalt.«

Da staunt auch Lukas, der ja eine Menge weiß. Aber davon hat er noch nie etwas gehört. Der König erklärt: »Wenn die Sonne niederbrennt, dann wird die Luft sehr heiß. Und noch heißer. Und schließlich beginnt sie, vor Hitze zu flimmern. Wenn die Luft nun immer noch heißer wird, dann fängt sie plötzlich an zu spiegeln wie ein richtiger Badezimmerspiegel. Aber sie spiegelt nicht die Dinge, die in der Nähe sind, sondern holt die Spiegelbilder aus der Ferne. Dann erscheinen auf einmal Sachen direkt vor dir, die noch ganz weit weg sind. Das liegt daran, dass über der heißen Luft kühlere Luftschichten liegen. Die lenken die Lichtstrahlen ab und man sieht dann etwas, was nur gespiegelt, aber gar nicht richtig da ist.«

»Wie der Tisch mit den Getränken«, sagt Jim.

»Ja, ich hatte vorhin die Fensterseite offen, um ein bisschen zu lüften, bevor ihr kommt. Außerdem war es recht kühl hier im Salon«, sagt der König. »Die dicken Wände lassen keine Hitze durch. Und ob ihr's glaubt oder nicht, ich habe tatsächlich kalte Füße bekommen.«

»Ach, heute kann es mir gar nicht kühl genug sein«, sagt Lukas.

Jim trinkt noch ein Glas. »Es ist wirklich enorm, was du alles über Fata Morganas weißt«, sagt er zum König.

Lukas stimmt dem zu.

»Ach, wisst ihr«, sagt Alfons der Viertel-vor-Zwölfte, »ich habe das Fach ›Fata Morgana‹ ausgiebig studiert.« Er steht auf und wandert umher. Es ist ja bekannt, dass der König sich beim Umherwandern besser konzentrieren kann. »Eine Sache muss ich euch allerdings noch erzählen«, sagt der König. »Man merkt immer erst hinterher, dass das, was man gesehen hat, eine Fata Morgana war. In eurem Fall war es nicht so tragisch, dass ihr auf der Straße keine Limonade bekommen habt, sondern erst hier, bei mir. Ihr wart ja nicht sehr lange unterwegs. Aber wenn man tagelang durch die Wüste irrt und vor Durst fast umfällt, dann ist es schrecklich, wenn die Oase vor einem gar keine Oase ist, sondern nur eine Fata Morgana. Daran sind schon die größten Männer gescheitert.«

»Wie tragisch«, sagt Jim und zittert leicht.

»Nanu«, sagt Lukas. »Was ist denn mit dir, mein Junge?«

»Mir ist ein bisschen kalt«, sagt Jim.

Der König lacht, dass sein dicker Bauch wackelt. »Ja, mein Palast kühlt dich von außen, und von innen kühlt dich die Limonade. Dann würde ich vorschlagen, ihr geht wieder zurück. Ich muss ohnehin noch ein paar Telefongespräche führen. Vielen Dank für euren Besuch. Und ihr wisst ja, ihr seid nicht nur bei Hitze willkommen! Für meine Untertanen nehme ich mir immer gern ein halbes Stündchen Zeit.«

»Danke«, sagen Jim und Lukas wie aus einem Mund und erheben sich.

»Geht doch durch den Wald zurück, dort ist es schattiger und die Sonne knallt nicht so auf euch herab«, schlägt Alfons der Viertel-vor-Zwölfte vor. Aber Jim möchte doch lieber auf der Straße zurückgehen, vielleicht sieht er ja auf dem Rückweg wieder eine Fata Morgana.

Außen knusprig – innen weich

Jim Knopf ist heute schon ganz früh aufgestanden. Er ist mit Lukas verabredet und der alten Emma. Sie wollen eine Tunneltour durch Lummerland unternehmen. Eine Tunneltour macht sehr hungrig. Deshalb braucht man guten Proviant. Frau Waas ist auch ganz früh aufgestanden und hat extra ein Brot gebacken. Im ganzen Haus duftet es nach frischem Brot und Jim läuft schon das Wasser im Mund zusammen.

So geht es ihm jedes Mal, wenn Frau Waas backt – egal, ob Brot oder Kuchen. Kuchen kann Jim ja schon lange allein backen, Brot eigentlich auch. Deshalb weiß er auch genau, aus was so ein Brot gemacht wird: aus Mehl, Wasser, Hefe und einer Prise Salz. Eigentlich gar nicht so verlockende Zutaten wie Schokolade, die ja in jeden anständigen Kuchen gehört. Trotzdem liebt Jim frisches Brot, und Frau Waas' Brot ganz besonders. Es schmeckt jedes Mal ein bisschen anders, weil sie verschiedenes Mehl nimmt – mal mehr Weizenmehl, mal mehr Roggenmehl. Wenn sie mehr Roggenmehl in den Teig gibt, wird das Brot dunkler und schmeckt kräftiger. Wenn sie mehr Weizenmehl nimmt, wird es heller. Dazu schmeckt dann besser Marmelade.

Jim möchte am liebsten sofort von dem Brot kosten. Wenn es ganz frisch ist, ist die Kruste noch ganz knusprig und die Krume schön weich. Die Krume ist der innere Teil des Brotes, den Jim gern herauspult.

Frau Waas lässt ihn allerdings nie sehr viel von einem ganz frisch gebackenen Brot essen. »Es muss wenigstens schon abgekühlt sein«, sagt sie. »Sonst bekommst du Bauchschmerzen.«

»Warum bekomme ich denn Bauchweh?«, will Jim wissen.

»Wegen der Hefe. Die macht, dass der Teig aufgeht und das Brot nach Brot schmeckt und schön locker wird, mit knuspriger Kruste.«

»Was ist denn eigentlich Hefe?«, will Jim wissen.

»Hefe ist ein Triebmittel,

das das Brot in Verbindung mit Hitze wachsen lässt.«

Jim hat sich schon mal überlegt, ob er ein bisschen Hefe essen und sich dann neben den warmen Ofen setzen sollte. Vielleicht würde er ja dadurch schneller wachsen. Aber Frau Waas hat nur gelacht und gesagt, das solle er auf keinen Fall tun, davon würde er nur furchtbare Bauchschmerzen bekommen.

»Hefe ist ein Pilz«, erklärt Frau Waas. »Aber kein Champignon oder Steinpilz, die du im Herbst mit Lukas suchst. Hefen sind pflanzliche Mini-Lebewesen, die man mit dem bloßen Auge gar nicht sehen kann. Sie werden seit Jahrhunderten als Kulturhefe gezüchtet.«

»Ach so«, sagt Jim. Er findet es ein bisschen seltsam, dass auch Pilze in dem Brot sind.

»Die Hefepilze haben eine magische Wirkung auf das Brot, aber nur wenn es mollig warm ist und sie mit Mehl und Zucker gefüttert werden. – Die Hefe wird in warmem Wasser mit etwas Zucker

aufgelöst und dann in den Teig gerührt. Kälte, Salz oder Durchzug bekommen ihr gar nicht gut. Dann gärt sie nicht, das heißt, das Brot wird nicht schön locker, sondern bleibt ein zäher, kleiner Teigklumpen.«

»Das hat die Hefe aber bei dir noch nie gemacht«, sagt Jim.

»Stimmt«, sagt Frau Waas. »Ich passe außerdem auch immer auf, dass der Teig genug Zeit zum Ruhen hat. Denn auch das braucht die Hefe, um sich zu entfalten, oder vielmehr, um zu gären.«

»Der Teig hat sich meistens verdoppelt, bevor du ihn in den Ofen schiebst.« Jim hat schon oft beobachtet, wie der Teig fast aus der Schüssel quillt. Anschließend wird er noch mal geknetet und zu einem Brotlaib geformt und dann: ab in den Ofen!

»Und um auf deine Frage zurückzukommen, lieber Jim«, sagt Frau Waas, »frisches, noch warmes Brot kann im Bauch weitergären. Davon wirst du nicht größer, sondern bekommst nur Bauchweh und Blähungen. Aber von einem kleinen Stück passiert das nicht.«

Frau Waas schneidet von dem frischen Brot die Kante ab. Die mag Jim am liebsten. Frau Waas streicht Butter darauf und reicht Jim die Brotscheibe. Die Butter schmilzt ein bisschen. Jim beißt in das Brot. Wie schön das kracht im Mund! Im Nu ist es aufgegessen. Hmm, das schmeckt!

Lukas steht vor dem offenen Fenster und schaut in die Küche.

»Guten Morgen, mein Junge. Na, frühstückst du gerade?«

»Guten Morgen, Lukas!«, sagen Frau Waas und Jim gleichzeitig.

Lukas kommt in die Küche. Er darf auch ein Stück frisches Brot mit Butter probieren.

»Das ist genau die richtige Stärkung für eine lange Tunneltour«, sagt Lukas.

Frau Waas schneidet vier dicke Scheiben ab, zwei

für jeden. Jim freut sich jetzt schon auf die Pause, wenn sie rußverschmiert auf der dicken Emma sitzen werden und genüsslich die Butterbrote essen.
»Schade, dass Emma nur Kohlen mag«, sagt Lukas. »Sonst hätte sie auch mal kosten können.«
»Sogar frisch aus dem Ofen«, sagt Jim. »Denn wenn sie von heißen Kohlen kein Bauchweh bekommt, dann kann ihr warmes Brot auch nichts anhaben.«
Frau Waas lacht. »Da bin ich aber froh, dass Emma lieber Kohlen isst, sonst müsste ich ja jeden Tag

mindestens zehn Brote backen, um euch alle satt zu bekommen.«
Sie verabschieden sich von Frau Waas und steigen auf Emma, die schon ungeduldig wartet. Denn durch Tunnel zu sausen, ist auch ein Riesenspaß für sie.

Auf Schienen durch die ganze Welt

Jim und Lukas wollen heute einmal um die Insel herum, durch alle Tunnel und dann noch einmal um die Insel herum – eine doppelte Inseltour.

»Emma ist zwar nicht mehr die Jüngste«, sagt Lukas. »Aber sie braucht Bewegung. Und du weißt ja, wie gern sie fährt.«

»Ist sie schon sehr alt?«, fragt Jim.

»Das kann man wohl sagen, mein Junge. Emma ist schon über hundert Jahre alt. Wir müssen gut auf sie achtgeben, damit sie noch mehrere hundert Jahre alt wird. Aber das tun wir ja auch. Sie bekommt nur die besten Kohlen zu futtern. Und solange sie ihren Dampf ablassen und fröhlich durch die Gegend pfeifen kann, geht es ihr auch gut.«

Jim geht es auch gut, wenn er fröhlich pfeifend durch die Gegend fahren kann.

»Machst du schon mal das Feuer im Ofen?«, fragt Lukas und wirft Jim die Streichhölzer zu.

Bald fängt es an zu knistern und Flammen züngeln sich durch den Ofen. Nun ist es Zeit, Kohlen hineinzuschaufeln, aber nicht zu viele auf einmal, sonst geht das Feuer wieder aus. Jim weiß Bescheid, wie man Emma so richtig schön einheizt. Wenn die Kohlen glühen, kommt die nächste Ladung drauf. Lukas hat den Kohlentender bis oben hin aufgefüllt, sodass es für eine doppelte Lummerland-Tour prima reicht.

»Wieso brennt Kohle eigentlich so gut?«, fragt Jim. »Steine brennen doch normalerweise gar nicht.«

»Das kommt daher, dass die Kohle kein richtiger Stein ist, sondern ein Sedimentgestein, das über Millionen von Jahren aus Pflanzenresten entstanden ist. Im Karbon – so nennt man eine Zeit vor mehr als dreihundert Millionen Jahren – herrschte ein sehr warmes und feuchtes Klima. Die Pflanzen wuchsen prächtig und als sie abstarben, versanken sie im Sumpf. An der Luft wären sie verrottet, aber im Sumpf wurden sie unterirdisch gelagert. Und immer mehr Schichten kamen dazu. Es entstand Torf. Torf ist auch ein guter Brennstoff, aber er brennt nicht so ergiebig wie Kohle. Da brauchte es noch viel mehr Ablagerungen, die man auch Sedimente nennt, bis schließlich das Sedimentgestein

Kohle im Moor entstand. Kohle ist ein sehr guter Brennstoff, weil er langsamer brennt als Holz und außerdem eine große Hitze erzeugt.«

Der Ofen strahlt auch schon eine ganz schöne Hitze aus. Die nächsten Schaufelladungen schippt Lukas in den Ofen. Schwarzer Staub weht ihm ins Gesicht und macht ihn ganz schwarz. Jim schließt schnell die Ofenklappe. Dazu nimmt er den dicken Topflappen, den Frau Waas extra gehäkelt hat.

»Jetzt lassen wir Emma erst mal ein bisschen verdauen, bis ihr Bauch voller Glut ist«, sagt Lukas und schaut auf ein Thermometer.

Jim weiß, dass sie warten müssen, bis die Luft tausend Grad heiß ist.
»Warum eigentlich?«, fragt er.
»Weil dann das Wasser im Kessel erhitzt werden kann, mein Junge. Du weißt ja, dass die heiße Luft durch die Rohre strömt, die in dem Wasserkessel hinter dem Ofen liegen.«
»Ja«, sagt Jim. Und er weiß auch, dass das Wasser kochen und dampfen muss, bevor die Fahrt losgehen kann. Aber was dann passiert, weiß er nicht so richtig. Es wird höchste Zeit, dass Lukas es ihm jetzt erklärt. Denn als angehender Lokomotivführer muss er sich schließlich genauestens damit auskennen.

»Der gesammelte Wasserdampf wird zu einem Zylinder geleitet«, fährt Lukas fort. »Und in diesem Zylinder werden unter dem Druck des Wasserdampfes die Stangen hin- und hergeschoben, die an den Rädern befestigt sind. Das ist der Moment, in dem sich Emma vorwärtsbewegt. Und wenn wir dann kräftig Kohlen schaufeln und ihr ordentlich zu futtern geben, fängt sie richtig schön an zu schnaufen und pfeifen und wird immer schneller.«

»Und du wirst immer schwärzer, vom Kohlenstaub und vom Ruß«, sagt Jim.

»Ja. Dann bin ich fast so schwarz wie du«, sagt Lukas. Er ist gern so schwarz wie sein kleiner Freund, obwohl er ja eine spezielle Lokomotivführerseife hat, mit der er wieder ganz sauber wird.

Emma ist jetzt so richtig in Fahrt. Sie brausen über die Insel, sausen durch Tunnel – wie dunkel plötzlich alles ist! In engen Tunneln kann es auch schon mal vorkommen, dass Lukas und Jim im Wasserdampf verschwinden – wie im Nebel –, denn Emma pustet den verbrauchten Dampf aus ihrem Schornstein wieder aus.

Es macht doch immer wieder Spaß, über die Insel zu brausen. Jim und Lukas stehen auf dem Dach und lassen sich den frischen Fahrtwind um die Ohren sausen. Wenn es abwärts geht, muss Lukas ein bisschen bremsen. Dabei ist vor allem wichtig, dass die Lok und der angehängte Wagen gleichzeitig gebremst werden, sonst würde der Wagen mit der Lok aufeinanderprallen und entgleisen. Das hat Lukas Jim schon sehr oft erzählt.

»Dafür muss man das richtige Fingerspitzengefühl haben«, sagt er jedes Mal und Jim weiß, dass die Geschichte vom Bremsen noch nicht zu Ende ist. Denn meistens erzählt Lukas dann auch noch die Geschichte von seinen und Emmas Vorfahren: »Zur Zeit, als mein Ururgroßvater Lokomotivführer war, gab es noch einfache Hebelbremsen. Da saß auf jedem Wagen ein Bremser in einem erhöhten Bremshäuschen und alle mussten auf ein Zeichen vom Lokomotivführer hin gleichzeitig die Bremshebel betätigen. Es wurden Bremsklötze aus Metall auf die Räder gepresst und damit der Zug zum Stehen gebracht.« Wenn Lukas ihm die Geschichte vom Bremsen und seinem Ururgroßvater erzählt, stellt Jim sich immer vor, wie das wäre, wenn Emma mehrere Wagen und Hebelbremsen hätte. Dann würde auf einem Wagen Herr Ärmel stehen, auf dem nächsten Frau Waas, auf dem übernächsten König Alfons der Viertel-vor-Zwölfte und ganz hinten natürlich Jim. Lukas würde auf der Lok ein Zeichen geben und – Was würde dann passieren? Würden wirklich alle gleichzeitig bremsen? Was wäre, wenn Herr Ärmel gerade in die Landschaft schaute und das Bremssignal überhörte? Und was würde passieren, wenn der König gerade telefonierte? König Alfons der Viertel-vor-Zwölfte würde doch nie eine ganze Lummerland-Tour ohne sein großes, goldenes Telefon machen.

Im Geiste sieht Jim dann schon die Wagen über die Insel purzeln. Kein schöner Gedanke. Deshalb ist er froh, dass eine Generation weiter, zu Zeiten von Lukas' Urgroßvater, andere Bremsen erfunden wurden, die der Lokomotivführer allein betätigen kann. Druckluftbremsen heißen sie. Damit können die Lok und der Wagen gleichzeitig zum Stehen gebracht werden.

Aber jetzt will überhaupt keiner bremsen. Emma schafft es spielend um die Inselkurve, sie brausen am Schloss vorbei und König Alfons der Viertel-vor-Zwölfte steht am Fenster seines Palastes und winkt den beiden mit einem Taschentuch.

Jim und Lukas winken zurück und Emma pfeift laut. Dann stößt sie eine dicke Dampfwolke aus, die unsere beiden Freunde für eine Sekunde verschwinden lässt.

Wenn die Stimme zurückkommt

Unsere beiden Lokomotivführerfreunde stehen in Emmas Führerhäuschen und brausen mit Volldampf um den höchsten Berg von Lummerland. Der Wind saust Jim und Lukas um die Ohren. Gleich kommt ein Tunnel, da müssen sie aufpassen, denn dort schlägt ihnen der Wind mit Wucht entgegen. Jim muss sich dann besonders gut festhalten, damit er nicht umfällt, aber er liebt diesen Moment, wenn sie mit vollem Tempo in die Finsternis eines Tunnels tauchen. Im Tunnel hört sich Emma auch ganz anders an. Es ist ein bisschen so, als würde das Geräusch, das Emma beim Fahren macht, neben ihr herfahren – oder auch von oben kommen.

Außerdem ist es im Tunnel viel lauter als draußen. Das ist manchmal unheimlich, besonders wenn Jim noch laut »Huhuuu!« schreit oder Lukas wie ein Löwe brüllt. Dann haut das Gebrüll gegen die

Wände und kommt schaurig klingend zurück. Jim kriegt immer eine leichte Gänsehaut.

Als sie wieder aus dem Tunnel heraus sind und Emma etwas gemächlicher durch das nächste Tal fährt, will Jim wissen, was da eigentlich mit den Geräuschen im Tunnel passiert. Dass es sich um ein

Echo handelt, weiß Jim natürlich, aber wie kommt so ein Echo zustande?
»Ganz einfach«, sagt Lukas. »Ein Echo ist die Wiederholung eines Schalls.«
»Aha«, sagt Jim und schaut seinen großen Freund an. »Und was soll das genau heißen?«
»Alles, was wir hören, nennen wir Schall, also alle Geräusche, Töne und Klänge – und die breiten sich in Wellen aus. Trifft nun diese Schallwelle auf ein

Hindernis, wie zum Beispiel auf einen Felsen, dann kommt der Schall verzögert zurück. Mit anderen Worten, wenn du gegen den Felsen in einem Tunnel rufst, kommt deine Stimme verzögert zu dir zurück. Das ist das Echo. Und je mehr du im Tunnel rufst, je mehr kommt zurück und hört sich ein bisschen unheimlich an, besonders wenn du ›Huhuuu!‹ rufst. Das kann dann schon mal richtig gespenstisch werden.«

»Ja«, sagt Jim. »Und dein Gebrüll hört sich an, als wären Wölfe hinter uns her.« Jim schaut sich um, ob auch keine Wölfe hinter ihnen her sind.

»Weißt du noch, als wir im Tal der Dämmerung waren, auf unserer letzten großen Reise?«, fragt Lukas.

Jim zuckt zusammen. »Wie könnte ich das vergessen ... mir läuft immer noch ein Schauer über den Rücken, wenn ich nur daran denke.«

Damals waren Jim und Lukas in eine Schlucht gefahren – und zuerst war es ganz still, aber dann fing alles an zu poltern und zischen, zu krachen und brüllen, zu brodeln und schreien. Stimmen mischten sich unter und es wurde immer lauter. Was hatte sich Jim erschreckt!

So schlimm und laut ist es aber in den Tunneln von Lummerland nicht. Da reflektieren die Felswände

zwar auch den Schall, aber vervielfältigen ihn nicht unendlich wie im Tal der Dämmerung, weil die Tunnel in Lummerland offen sind und der Schall entweichen kann.

In Lummerland gefallen Jim die Echos sehr gut, auch wenn sie ein bisschen gespenstisch sind. Manchmal fährt Emma extra langsam durch einen Tunnel, damit Jim immer wieder gegen die Wände rufen kann. Dann lauscht er seiner Stimme, die wie ein Bumerang zurückkommt und langsam verschwindet. Besonders schön ist es, wenn er mit Lukas ein zweistimmiges Echo ruft – oder auch singt.

Jetzt muss Jim überlegen, was er gleich rufen will, denn der nächste Tunnel nähert sich schon wieder. Emma gibt ordentlich Gas, damit sie voller Schwung in den Tunnel rauschen. Im Tunnel verlangsamt sie ihr Tempo und Jim und Lukas haben diesmal beide die gleiche Idee: Sie pfeifen ein Lied und das Echo bringt es mehrstimmig zurück. Das gefällt auch Emma gut, die nun kräftig tutet.

Von Enterhaken und Zwiebeln

Jim und Lukas, die beiden Lokomotivführer, sind zu Fuß unterwegs. In Lummerland weht ein laues Lüftchen. Die beiden Freunde haben gerade eine

lange Tunneltour hinter sich und Emma muss erst einmal verschnaufen. Jim und Lukas laufen zur Landesgrenze, da kann man besonders gut auf das Wasser schauen oder in den Himmel.
»Guck mal, Jim. Dahinten, am Horizont. Siehst du das Schiff?«
Jim legt eine Hand über die Augen. Die Sonne blendet ihn. Aber jetzt kann er es auch erkennen. Es ist ein großes Segelschiff.
»Das sind doch wohl keine Piraten?«, sagt Lukas. Jim kneift die Augen ein bisschen zusammen. »Glaube ich nicht«, sagt er. »Ich kann keine Totenkopfflagge erkennen.«

»Das heißt nichts, mein Junge. Piraten hissen meistens erst dann die Totenkopfflagge, wenn sie schon ganz nah an dem Schiff sind, das sie entern wollen. Als wollten sie sagen: Jetzt gibt es kein Zurück mehr.«

»Aber da ist nirgends ein anderes Schiff zum Entern«, sagt Jim.

»Genau. Deshalb hast du wahrscheinlich recht, dass es keine Piraten sind.«

»Zum Glück«, sagt Jim.

Sie setzen sich in den Sand. Langsam verschwindet das Segelschiff am Horizont.

»Meinst du, es gibt immer noch Piraten?«, fragt Jim seinen Freund Lukas, der warmen Sand durch seine Hände rieseln lässt und aufs Meer schaut.

»Ich befürchte ja, mein Junge. Piraten hat es nämlich immer schon gegeben, sozusagen mit den ersten Wasserstraßen. Dort wurden Waren transportiert und immer wieder haben Räuber versucht, die beladenen Schiffe zu überfallen und die Ladung zu rauben.«

»Hm«, macht Jim. »Die Seefahrerei wäre sicher viel lustiger ohne Piraten.« Er nimmt auch eine Handvoll Sand und lässt ihn durch die Finger rieseln. »Wie wird man eigentlich Pirat?«

»Oh, ich glaube, das kommt darauf an, wie man aufgewachsen ist. Manche Männer glauben, sie könnten als Pirat schnell reich werden. Und andere treibt wohl bittere Armut in die Seeräuberei. Es gab früher aber auch Fälle, in denen Männer zur Piraterie gezwungen wurden. Das waren Schiffsleute, die man an Bord lockte und betrunken machte. Sie mussten einen Vertrag unterschreiben, in dem stand, dass sie nun auf diesem Schiff dienen würden. Auf hoher See gab es dann kein Zurück mehr.«

»Das ist ja schrecklich«, sagt Jim. Ihn schaudert es. »Es gab auch Schiffsleute, die von anderen Kapitänen schlecht behandelt wurden und freiwillig zu den Piraten gingen. Die Piraten freuten sich besonders, wenn es ihnen gelang, Fachleute wie Ärzte, Zimmerleute oder Steuermänner anzuheuern. Die konnte man nämlich gut für längere Seereisen gebrauchen, wenn jemand krank wurde oder was an Bord geflickt werden musste oder eben für die Navigation.«

»Und wie heuert man bei Piraten an?«

»Früher war das so, mein Junge: Die Piraten gingen ab und zu ja auch an Land. Dort trieben sie sich in den Häfen herum. Jeder, der mitmachen wollte, konnte sich bei ihnen melden. Es waren auch Spieler dabei, entlaufene Mönche, Straftäter, verarmte Adlige oder irgendwelche Raufbolde. – Nicht gerade eine Gesellschaft, in der man sich wohlfühlt, was, Jim?«

Jim schüttelt den Kopf. »Was hatten Piraten eigentlich zu essen, wenn sie lange auf See waren und gerade kein Schiff überfallen konnten?«

»Der Speiseplan war sicher nicht besonders abwechslungsreich. Auf langen Fahrten verdarb frisches Gemüse oder Obst schnell. Sie lebten mehr oder weniger von Dörrfleisch und Schiffszwieback. Wenn sie Glück hatten, hatten sie ein paar Hühner dabei, die Eier legten und später selbst gegessen wurden. Piraten haben natürlich auch gefischt. Aber für eine ganze Mannschaft ausreichend Nahrung zu fischen oder an Bord zu haben, war eher selten. Sauberes Trinkwasser war auch ein Problem. In den Holzfässern legte es Algen an und wurde schlecht. Auch deshalb wurde viel Alkohol an Bord getrunken, denn der brannte den Magen aus und ließ erst gar keinen Hunger aufkommen.«

»Igitt«, sagt Jim und verzieht das Gesicht. »Kein

Wunder, dass die Piraten so gemein waren. Mit einem ausgebrannten Magen ist einem wohl alles egal, nur nicht Geld und Edelsteine.«

»Ja, aber Geld und Edelsteine kann man ja nicht essen. Und manchmal dauerte es Wochen, bis sie wieder an Land kamen und Geld ausgeben konn-

ten. Viele Piraten wurden krank, weil sie kein frisches Obst und Gemüse bekamen. Denn wenn man vier bis sechs Wochen lang kein Vitamin C zu sich nimmt – was ja in Obst und Gemüse enthalten ist –, können einem die Zähne ausfallen. Wunden heilen auch schlecht, man sieht leichenblass aus und bekommt Herzprobleme. Diese Krankheit, ausgelöst durch Vitamin-C-Mangel, nennt man Skorbut. Viele Piraten litten unter Skorbut und manche starben sogar daran. Es dauerte eine Weile, bis man herausfand, dass man sich durch Zitrusfrüchte vor dieser Krankheit schützen kann. Seitdem bekamen alle Piraten jeden Tag eine Zitrone zu essen – oder eine Zwiebel, die enthält auch Vitamin C.«

»Interessant«, sagt Jim und kichert. Er stellt sich nämlich gerade vor, wie jeder Pirat in eine saure Zitrone beißt oder in eine scharfe Zwiebel.

Lukas will wissen, warum Jim so kichert.

»Dann haben die Piraten bestimmt nach Zwiebeln gestunken«, sagt Jim und muss wieder kichern, weil er sich gerade einen gefährlichen Piraten mit Augenklappe und Enterhaken vorstellt, der grausam nach Zwiebeln stinkt.

Lukas muss auch lachen.

»Und gab es eigentlich auch Piratinnen?«, will Jim wissen.

»Aber ja«, sagt Lukas und rückt sich die Mütze zurecht. »Allerdings nicht sehr viele. Ich habe mal von zwei sehr berühmten Seeräuberinnen gehört, die mindestens so gut gekämpft haben wie ihre männlichen Kollegen und große Beute gemacht haben sollen. Allerdings mussten sie sich als Männer verkleiden, denn es war verboten, Frauen an Bord zu haben.«

»Konnten sie auch genauso gut mit dem Enterhaken umgehen?«, will Jim wissen.

»Ich denke schon. Frauen sind ja in vielen Sachen geschickter als Männer. Und so einen Enterhaken auf ein feindliches Schiff zu werfen, so dass er sich auch ordentlich verhakt und man das eigene Schiff heranziehen kann, bedarf sicher nicht nur Kraft, sondern auch Fingerspitzengefühl.«

»Und Werfen muss man auch gut können«, sagt Jim.

Lukas nickt.

Eine Weile sitzen die beiden Freunde da und schauen aufs Meer, wo vorhin noch das Schiff entlanggefahren ist.

Dann fragt Jim: »Stimmt es eigentlich, dass die Piraten ihre Schätze vergraben haben?«

Lukas zuckt die Schultern. »Das, mein Junge, habe ich mich auch schon öfter gefragt. – Aber ich glaube, dass sie das meiste wohl gleich beim nächsten Landgang ausgegeben haben. Ich kann mir nicht vorstellen, dass sie genug Zeit hatten, einen guten Platz zu finden, wo sie ihre Schätze hätten vergraben können. Und sie wussten ja auch nicht, ob sie je wieder an diesen Ort kommen würden. Ich glaube, diese riesigen Kisten voller Edelsteine und Gold, die Piraten verbuddelt haben sollen, gibt es nur in Geschichten.«

»Schade«, sagt Jim und lässt wieder eine Ladung Sand durch seine Finger rieseln. »Ich stelle mir nämlich immer vor, dass ich mal so einen Schatz finde.«

»Die Hoffnung solltest du auch nicht aufgeben, mein Junge«, sagt Lukas. »Ich habe mal gelesen, dass viele Küstenbewohner ihr Hab und Gut vergraben haben, um ihren Besitz vor Seeräubern zu schützen. Bestimmt waren da auch richtige Schatzkisten dabei, bis zum Rand gefüllt mit Edelsteinen und Gold. Vielleicht findest du ja mal so eine Kiste. Und dann ist es doch egal, ob es ein vor den Piraten versteckter Schatz oder ein von Piraten vergrabener war, oder?«

»Oh ja«, sagt Jim und lacht. Er steht auf und klopft sich den Sand von der Hose. »Wollen wir gehen? Mir knurrt der Magen. Mal schauen, ob Frau Waas eine schöne Zwiebel für uns zu essen hat.«

Lukas verzieht das Gesicht. »Ich glaube, ich ziehe ein paar Butterbrote und Apfelschnitze vor.«

Wenn die Erde Feuer spuckt

Jim und Lukas sitzen auf dem höchsten Berg von Lummerland. Sie ruhen sich aus und schauen über die Insel.

»Wie schön es hier ist«, sagt Jim. »Aber woanders ist es auch schön.«

»Das ist wohl wahr, mein Junge«, sagt Lukas.

Sie sind ja beide schon ziemlich viel in der Welt herumgekommen, waren tagelang auf dem Meer und in der Wüste, und in Mandala, wo Prinzessin Li Si wohnt, waren sie auch. Jim hat sogar schon richtige Vulkane gesehen. Bei Nepomuk, dem kleinen Halbdrachen, haben sie sogar einen Vulkan wieder zum Brennen gebracht. Die Feuerstelle war verstopft.

»Warum ist dieser Berg hier eigentlich kein Vulkan?«, fragt Jim.

»Weil er keine Öffnung in der Erdkruste hat.«

»Das habe ich mir auch schon gedacht«, sagt Jim.

»Ohne Öffnung in der Erdkruste kann ja auch kein Feuer entweichen. Und eigentlich ist es auch kein Feuer, das entweicht, sondern rot glühendes, zähflüssiges Gestein aus den Tiefen unseres Planeten.

Solange sich das glühende Gestein in der Erde befindet, wird es Magma genannt. Tritt das Magma an der Erdoberfläche aus, heißt es Lava«, sagt Jim. »Du bist wirklich ein cleveres Bürschchen«, sagt Lukas. »Kennst dich sogar schon mit Vulkanen aus.«

Jim strahlt. »Aber ich würde trotzdem gern wissen, warum dieser Berg hier kein Vulkan ist.«

»Das liegt wohl daran, dass wir auf Lummerland keine Risse in den Erdplatten haben.«

Jetzt guckt Jim Lukas aber sehr erstaunt an. »Risse in der Erdplatte?«

»Ja. Unsere Erde besteht aus der Erdkruste – auf der gehen, wohnen und fahren wir.« Lukas klopft mit der flachen Hand auf den Boden. »Unter dieser Erdkruste liegt der Erdmantel, in dem sich das Magma befindet. Wie bei einem riesigen Puzzle setzt sich die Erdkruste aus verschiedenen Platten zusammen. Diese Platten schwimmen auf dem weichen Material des Erdmantels wie Eisschollen auf einem See. Die Platten sind nicht fest miteinander verbunden, sondern sie bewegen sich – manchmal auseinander oder gegeneinander.«

»Seltsam«, sagt Jim. »Da denkt man, man steht auf festem Grund, dabei bewegt sich alles unter einem.«

72

»Ja, aber ganz, ganz langsam. Die Platten verschieben sich nur um wenige Zentimeter im Jahr. Wenn die Platten nun aneinandergeraten, entstehen Risse und Spalten in der Erdkruste, die bis in den Erdmantel hinabreichen. Durch diese Risse und Spalten steigt das Magma auf. Manchmal ist der Druck so groß, dass im Inneren eine Explosion stattfindet und Lava in die Luft hochgeschleudert wird.«

»Da bin ich aber froh, dass das hier kein Vulkan ist«, sagt Jim. »Dann würde Lummerland ja von der ausfließenden Lava in Schutt und Asche gelegt werden.«

Sie schauen über die Insel, sehen das Haus von Herrn Ärmel und das Haus von Frau Waas und in der Ferne den königlichen Palast von Alfons dem Viertel-vor-Zwölften.

»Es gibt viele Vulkaninseln, auf denen auch Menschen wohnen«, erzählt Lukas. »Der Vulkan schlummert dann schon lange vor sich hin und die Leute haben die Hoffnung, dass er nie mehr ausbricht. Vulkanerde ist sehr fruchtbar, denn alles, was abgebrannt ist, hat Nährstoffe hinterlassen und die stehen jetzt den neuen Pflanzen als Dünger zur Verfügung. Es sind also wunderschöne, grüne Inseln.«

»Aber man muss doch jeden Tag damit rechnen, dass der Vulkan wieder Feuer spuckt«, sagt Jim.

»Die Aktivität eines Vulkans kann man messen. Es gibt Fachleute, die Vulkane erforschen und mit Messinstrumenten voraussagen können, wann ein Vulkan wieder aktiv wird. Also hat man Zeit genug, die Insel zu verlassen.«

»Da wohne ich trotzdem lieber auf Lummerland«, sagt Jim. »Ich finde, es ist schon komisch genug, zu wissen, dass die Erde nur auf der Kruste fest ist und innen flüssig ist und glüht. Wieso ist das so, Lukas?«

»Weil die Erde in ihrer Entstehungszeit, vor Milli-

arden von Jahren, ein heißer Ball war, der die umliegenden Gesteinsbrocken nach und nach anzog und sich mit ihnen verschmolz. Die äußere Erdschicht kühlte sich ab, doch das Innere brodelt und kocht bis heute weiter.«
»Dann könnte ich mir ja, wenn ich mal wieder kalte Füße habe, ein tiefes Loch buddeln.« Jim lacht.
»Besser, wir besuchen auf unserer nächsten Reise heiße Quellen. Da blubbert warmes Wasser tief aus

der Erde und es ist noch schöner, darin zu baden als in einer Badewanne, besonders wenn die Luft kalt ist.«

»Au ja«, sagt Jim und steht auf.

Er hat jetzt genug auf dem Berg gesessen und möchte bis zur Bahnstation nach unten rutschen. Schließlich hat er ja eine besondere Vorrichtung dafür: den Knopf an seiner Hose. Den muss er nur aufmachen, dann reißt die Hose nicht ein. Und wenn er ganz schnell rutscht, dann wird sein Hinterteil richtig heiß. Aber das liegt nicht daran, dass die Erde im Inneren noch glüht, sondern das kommt von der Geschwindigkeit. Dadurch entsteht nämlich auch Wärme.

Aber daran denkt Jim nicht, als er den Berg hinuntersaust. Er hebt die Arme in die Luft und juchzt ganz laut vor Vergnügen. Unten angekommen, macht er den Knopf wieder zu – so braucht Frau Waas die Hose nicht zu flicken. Und er macht seinem Namen mit jedem Rutsch Ehre: Jim Knopf.

Bei Regen kann es auch gemütlich sein

Jim und Lukas wollen eine Wanderung machen. Beim Wandern kann man sich gut unterhalten und man bekommt Appetit. Zum Glück hat Frau Waas ihnen Butterbrote eingepackt und eine Kanne Tee. Aber kaum haben sie ein schönes Plätzchen gefunden, bekommt Jim einen Tropfen auf die Nase, und dann noch einen und noch einen.

»Wir hätten wohl besser einen Schirm mitnehmen sollen«, sagt Lukas und hält eine Hand über seine Tasse, damit sein Tee nicht wässrig wird.

Jim blinzelt in den Himmel. Über ihnen ist alles grau.

»Als wir losgegangen sind, war der Himmel noch blau«, sagt Jim.

»Jetzt ist er eine einzige große Wasserwolke«, sagt Lukas und packt die Butterbrote ein. »Komm, mein Junge, wir suchen uns einen Unterschlupf, damit wir nicht nass werden.«

77

Sie finden einen Felsvorsprung. Dort gibt es sogar zwei Steine, auf die sie sich setzen können.

»Schön gemütlich, wenn man im Trockenen sitzt und dem Regen zuschaut«, sagt Lukas.

Sie essen in Ruhe die Brote und trinken den heißen Tee.

»Aber wie kommt das Wasser eigentlich in den Himmel?«, fragt Jim. »Und wie wieder raus?«

»Das hat was mit Verdampfen zu tun«, sagt Lukas mit vollem Mund und muss erst mal runterschlucken. »Wenn Frau Waas Wasser für Tee kocht, dann dampft es aus dem Topf. Das Wasser verwandelt sich in Dampf. Und wenn man einen Deckel über die Dampfschwaden hält, bilden sich Wassertropfen an dem Deckel.«

»Ja, das habe ich auch schon gesehen«, sagt Jim. »Sie werden dicker und dicker und dann regnet es in den Wassertopf.«

»Genau. Und so ist es mit dem Regen draußen auch. Wenn die Sonne die Erdoberfläche erwärmt, verdunstet Wasser und steigt nach oben. Wolken bestehen also aus Wasser, aus ganz vielen klitzekleinen Wassertropfen. Und je höher sie steigen, desto kälter ist es und die kleinen Wassertropfen werden ganz eng aneinandergedrückt und dadurch immer größer und schwerer. Und dann fallen sie als Regentropfen auf die Erde runter.«

Es prasselt ganz schön. Jim und Lukas können kaum durch den Regen gucken.

»Na, die dicken Tropfen kommen wohl von ganz weit oben«, sagt Jim.

Lukas nickt. »Und wenn es jetzt noch kälter wäre, als was würden sie dann runterkommen?«

»Als Schnee!«, ruft Jim. »Ach, wäre es schön, wenn es jetzt schneien würde! Dann könnten wir den Berg runterrutschen und eine Schneeballschlacht machen und einen Schneemann bauen.«

Der Regen wird langsam dünner, dann nieselt es nur noch.

Plötzlich hören sie eine Stimme.

»Hallo? Jim Knopf? Lukas? Seid ihr hier irgendwo?«

Die beiden stecken die Köpfe um die Ecke. Da sehen sie Herrn Ärmel mit seinem großen, roten Regenschirm.

»Guten Tag!«, sagt Herr Ärmel. »Ich habe euch vorhin dort oben picknicken sehen und mir schon Sorgen gemacht. Habt ihr denn die große, dunkle Wolke über euch nicht gesehen?«

»Doch«, sagt Jim. »Aber erst, als schon Wasser rauskam.«

»Ich dachte, ihr seid bestimmt pitschnass geworden. Wollt ihr mit unter meinen Regenschirm?«

Eigentlich hätte Jim auch nichts dagegen, den Berg im Regen runterzulaufen. Er ist ja schließlich nicht aus Zucker. Und ein bisschen nass zu werden,

macht doch Spaß. Aber wenn Herr Ärmel schon so nett fragt ...
Also gehen sie – Jim rechts von Herrn Ärmel und Lukas links von Herrn Ärmel – unter dem roten Regenschirm ins Tal hinab.

Wenn es Millionen Jahre regnet

Jim und Lukas laufen am Strand entlang und schauen aufs Meer.

»Seltsam, dass das nasse Wasser so nah mit dem trockenen Sand zusammenwohnt«, sagt Jim. »Wie ist das Meer eigentlich entstanden, Lukas?«

Lukas schiebt seine Mütze ein bisschen hin und her. Das macht er oft, wenn Jim ihm mal wieder eine ziemlich schwierige Frage stellt.

»Oh, das war vor langer, langer Zeit«, sagt Lukas. »Ich habe dir ja schon erzählt, dass die Erde ursprünglich ein glühender Ball war, der aus lauter Vulkanen bestand. Und du weißt ja, dass Vulkane Feuer spucken und geschmolzenes Gestein.«

»Ja, die Lava.«

»Und Wasserdampf wird auch dabei frei. Als die Erde sich dann irgendwann langsam abkühlte, verdunstete der Wasserdampf und wurde zu riesigen Wolken, aus denen es dann regnete, aber nicht nur

eine Woche oder einen Monat, sondern jahrelang.
– Sogar Millionen Jahre lang.«

»Das ist aber wirklich sehr lange.« Jim schaut in den Himmel. Heute ist keine einzige Wolke am Himmel zu sehen.

»Ja, es regnete unvorstellbar lange. Und aus den Regentropfen wurden Bäche, aus den Bächen Flüsse. Es entstanden immer größere Wasserlachen und Seen und schließlich die Meere, in die alles

Wasser auf der Erde läuft. In den Meeren sammelt sich das Wasser also.«

»Und warum ist das Meerwasser salzig?«

»Weil die Flüsse Salz aus dem Boden und aus den Gesteinen waschen und ins Meer spülen. Das Wasser kommt ja überall hin, fließt um die Steine herum, über sie hinweg, weicht die Erde ein und löst dabei das Salz heraus. Und das schwimmt dann im Wasser mit. Der lange, lange Regen hat das Salz also aus der Erde gewaschen.«

»Ach so ist das«, sagt Jim Knopf. »Aber es gibt doch auch Wasser, das nicht so salzig ist wie das Meerwasser.«

»Ja. Das ist das Süßwasser. Alle Seen haben Süßwasser.«

»Und warum kein Salzwasser? In die Seen fließen doch auch Flüsse, die Salz mit sich führen.«

»Ja, das stimmt. Aber Seen haben meistens einen Ablauf und alles Wasser fließt früher

oder später ins Meer. Das Salz bleibt also nicht in den Seen, sondern wird ins Meer gespült. Dabei bleibt natürlich auch Salz zurück. Unser Süßwasser ist auch ein bisschen salzig, aber nur so gering, dass wir es nicht schmecken. Das meiste Salz lagert in den Meeren.«

»Interessant«, sagt Jim und schaut aufs Meer. Es schimmert so schön blaugrün und wenn eine kleine Wolke an der Sonne vorbeizieht, wirft sie einen dunklen Schatten aufs Meer. Jim beobachtet das sehr gern. Aber noch lieber geht er baden, wenn das Wetter schön ist.

»Lukas, was meinst du, warum gibt es manchmal Wellen und manchmal nicht? Das hat doch bestimmt was mit dem Wind zu tun«, sagt Jim.

»Ja, genau. Je windiger es ist, umso höher sind die Wellen. Aber Wellen können auch durch einen Erdrutsch entstehen oder durch einen Vulkanausbruch. Das Wasser kriegt einen Schubs von unten und bildet hohe Wellen. Dann tobt das Meer.«

»Ich finde Wellen schön«, sagt Jim. »Na ja, nicht, wenn sie mich umwerfen, aber sonst macht es Spaß, in die Wellen zu springen. Wenn das Wasser verschwindet, also bei Ebbe, finde ich es nicht so schön.«

»Das Wasser verschwindet ja nicht, sondern geht zurück in die großen Ozeane.«

»Warum eigentlich?«

»Das liegt daran, dass der Mond das Wasser anzieht. Die Erde dreht sich in vierundzwanzig Stunden einmal um sich selbst und auf der mondnahen Seite der Erde ist die Anziehungskraft auf das Wasser so stark, dass das Wasser steigt und ans Land zurückkommt, also Flut ist. Genau wie auf der ge-

genüberliegenden Seite. Dort ist Flut, weil die Erde mit ihrer Drehkraft auch einen Wasserberg anzieht. An allen anderen Stellen ist jedoch Ebbe. Und Ebbe und Flut, also die Gezeiten, wechseln ungefähr alle sechs Stunden.«

Jim ist froh, dass sie jetzt Flut haben. Und dass nur ein paar kleine Schönwetterwolken am Himmel zu sehen sind.

»Wollen wir baden gehen, Lukas, jetzt, wo das Wasser da ist und die Sonne so schön scheint?«

»Das ist eine gute Idee, mein Junge. Ich habe schon vorsorglich unsere Badehosen mitgenommen und zwei Handtücher.«

Schnell ziehen die beiden sich um. Jim lacht. Lukas sieht witzig aus in seiner Badehose. Er hat einen rußverschmierten schwarzen Kopf und schwarze Arme, aber der Bauch und die Beine sind ganz weiß.

Jim läuft gleich ins Wasser und lässt sich hineinfallen. »Komm, Lukas! Das Wasser ist gar nicht kalt!« Aber Lukas geht lieber vorsichtig hinein, Schritt für Schritt. Dabei juchzt er ein bisschen. Jim lacht und schaut zu, wie Lukas langsam immer tiefer im Meer verschwindet, bis auch von ihm nur noch der Kopf zu sehen ist.

Das schönste Paket

Es ist früh am Morgen und Jim sitzt mit Frau Waas vor dem Haus. Frau Waas strickt und Jim wartet auf die Post. Nicht, dass er etwas bestellt hätte, so wie Frau Waas, die manchmal neue Waren für ihren Laden per Post bekommt. Nein, Jim wünscht sich nur etwas und vielleicht hat er ja Glück und es kommt heute mit der Post.

»Wo kommt die Post eigentlich her?«, fragt Jim.

»Vom Festland«, sagt Frau Waas. »Da ist das Postamt.«

Von einem Postamt hat Jim schon gehört. Dort wird die Post gesammelt und sortiert und dann ausgeliefert. Das Ausliefern übernehmen Postboten, die mit Fahrrädern oder im Auto unterwegs sind.

Nach Lummerland muss der Postbote jedoch mit dem Schiff fahren, denn Lummerland ist eine Insel. Der Postbote hat ein rotes Boot und weil er fit bleiben will, rudert er selbst. An der Landesgrenze legt er an, unten an der Bahnstation, wo Emma wohnt. Und dann kommt er zu Fuß über die Insel gelaufen, zu Frau Waas. Manchmal, wenn er schwere Pakete dabeihat, fährt ihn Lukas mit Emma zu Frau Waas. Und dann gibt der Postbote die Pakete ab und trinkt noch ein Tässchen Tee, bevor er wieder davonrudert.

Jim bekommt auch ab und zu Briefe, die ganz allein an ihn adressiert sind, mit einer echten Briefmarke darauf, von Herrn Tur Tur, dem Scheinriesen aus der Wüste, und natürlich von Prinzessin Li Si aus Mandala. Die Briefmarken sehen in jedem Land anders aus. Bei Herrn Tur Tur ist eine Oase

auf der Briefmarke drauf und bei Li Si sind es Mandelblüten. Jim könnte schwören, sie duften auch nach Mandelblüten, aber Briefmarken riechen eigentlich nicht. Das war wohl Prinzessin Li Sis Duft, der sich beim Schreiben auf das Papier übertragen hat. Ach, wie sehr liebt Jim ihre Briefe! Vielleicht bekommt er ja heute einen, denn er hat das letzte Mal gleich zurückgeschrieben und jetzt ist sie wieder dran. Aber Jim wartet heute nicht nur auf einen Brief von Li Si, er wartet auf ein Paket.

»Wo kommen eigentlich die Pakete her?«, fragt Jim.

Frau Waas wickelt sich einen roten Faden um den Finger und schaut Jim an. »Von dem, der einem was zukommen lassen will. Ich habe mir blaue Wolle bestellt – und ich hoffe, sie kommt heute. Der Laden, der die blaue Wolle hat, packt mir fünfhundert Gramm in ein Paket, denn so viel brauche ich für einen neuen, hübschen Pullover für dich. Dann wird das Paket zum Postamt gebracht und zusammen mit den Briefen ausgeliefert. In größeren Städten gibt es auch extra einen Paketdienst, der nur Pakete bringt, aber bei uns in Lummerland bringt der Postbote alles.«

»Dann muss man also das Paket selbst zum Postamt bringen?«

»Ja«, sagt Frau Waas. »Es passt ja nicht in einen Briefkasten, wie ein Brief.«

Jim schaut in den Himmel, beißt sich auf die Unterlippe und überlegt scharf. Nach einer Weile sagt er: »Dann müssten die, die auf dem Postamt arbeiten, ja die Person gesehen haben, die mich damals im Paket verschickt hat.«

»Ach, mein Junge, du denkst wieder an deine alte Geschichte, wo du herkommst, nicht wahr?«

Jim nickt.

»Ich befürchte, dass die Personen, die im Postamt arbeiten, sich nicht alle Leute merken können, die ein Paket abgeben. Und soviel ich weiß, hat Lukas damals gleich beim Postamt nachgefragt, wer dich aufgegeben hat, aber niemand konnte sich an ein Paket erinnern, das Luftlöcher hatte und zu mir gebracht werden sollte. Nur unser Postbote weiß noch

95

genau, wie das war, an dem Tag, als du kamst. Er konnte nämlich die Adresse nicht richtig lesen. Aber das Paket war an eine Frau gerichtet – und da ich die einzige Frau auf Lummerland bin, hat man es mir gebracht. Und ich kann dir sagen, mein lieber Jim, das war das schönste Paket, das ich je in meinem Leben bekommen habe, weil du darin warst!«

Jim lächelt bis zu den Ohren. Das hört er besonders gern. Frau Waas macht eine kleine Strickpause und seufzt. Jim schmiegt sich an ihre Schulter. Sie schmusen zusammen und schauen zu, wie ein paar Tauben vorbeifliegen.

»Stell dir vor«, sagt Frau Waas, »Tauben können auch Nachrichten befördern. Es gibt richtige Brieftauben, wusstest du das, Jim?«

Jim nickt. Von Brieftauben hat er schon mal gehört.

»Aber Brieftauben können nur zu ihrem Taubenschlag zurückfliegen, zu ihren Kindern. Man kann ihnen von weit her einen kleinen Brief an den Ring befestigen, den sie dann nach Hause befördern. Umgekehrt geht das aber nicht.«

»Ja, das stimmt«, sagt Frau Waas. »Brieftauben finden sogar über Hunderte von Kilometern nach Hause zurück. Man könnte sie also mit in den Urlaub nehmen und sie dann mit einer Nachricht zu-

rückfliegen lassen, anstatt eine Postkarte zu schreiben. Und weißt du, wie man noch Nachrichten befördern kann – nicht in der Luft, aber im Wasser?«
»Mit der Flaschenpost«, sagt Jim. »Aber das ist eine ziemlich unsichere Sache. Man weiß ja nie, ob die Flasche je an Land gespült oder unterwegs von Fischern gefangen wird. – Und wenn sie gefunden wird, weiß man nicht, wo sich derjenige, der sie geschrieben hat, gerade aufhält.«
»Da hast du recht«, sagt Frau Waas. »Da sind die Briefe und Pakete, die die Post bringt, schon zuverlässiger, weil sie eine richtige Adresse und einen Absender haben.«
Jim beißt sich schon wieder auf die Lippe und seufzt.
Frau Waas drückt Jim fester an sich. »Es wird wirklich Zeit, dass du mit Lukas herausfindest, woher du gekommen bist.«
»Ja«, sagt Jim. »Wir wollen bald eine große Reise machen. Dann werden wir auch Prinzessin Li Si besuchen.« Jetzt strahlt Jim schon wieder.

Jim will gerade ins Haus gehen, da sieht er den Postboten von Weitem. Er hat ein Paket dabei und in seiner großen, blauen Tasche bestimmt eine Menge Briefe. Jim hofft so sehr, dass das Paket für ihn ist. – Einen Bruder, das ist es nämlich, was er sich so sehr wünscht. Ein kleines, knuddeliges Geschwisterchen. Und warum sollte nicht eines Tages wirklich ein Paket mit einem Baby kommen? So, wie es bei ihm auch war. Eine kleine Schwester wäre auch gut. Dass er darauf jeden Tag wartet, hat er noch keinem gesagt, das ist sein Geheimnis.

Frau Waas versteht auch gar nicht, warum Jim so aufgeregt ist. Sie denkt bestimmt, weil er auf einen Brief von Prinzessin Li Si wartet – davon bekommt er auch immer rote Wangen und einen verträumten Blick.

»Einen wunderschönen guten Morgen!«, sagt der Postbote und stellt das Paket ab.

Da sieht Jim schon, dass das Paket keine Luftlöcher hat. Natürlich kann ein kleiner Bruder oder eine kleine Schwester nicht ohne Luftlöcher verschickt werden. Also hat Jim für heute wieder vergebens gehofft.

Das Paket ist für Frau Waas. Sie freut sich, denn es ist die blaue Wolle.

»Und sonst ist nichts dabei?«, fragt Jim.

Der Postbote schaut in seine große Briefträgertasche und zieht dann doch noch einen Brief heraus.
»*An Jim Knopf auf Lummerland. Persönlich!*«, liest er und überreicht Jim einen weißen Brief mit einer Mandelblüten-Briefmarke darauf.
Da schlägt Jims Herz mit einem Mal höher und er vergisst für heute, worauf er so sehnsüchtig gewartet hat.

Wenn man
Buchstaben streichelt ...

Jim geht in seinem Zimmer auf und ab. Immer auf und ab. Wenn er sich zwischendurch hinsetzt, kann er nicht lange sitzen und muss gleich wieder auf und ab gehen. Er hat einen Brief in der Hand, von Prinzessin Li Si aus Mandala. Jim bleibt stehen und schaut auf den Brief, hält das Blatt an die Wange, schließt die Augen und seufzt.

»Jim?«, ruft Frau Waas aus der Küche. »Jim, das Essen wird kalt!«

Jim faltet den Brief zusammen, streicht mit dem Finger über die Buchstaben, die Li Si für ihn auf das Blatt geschrieben hat, und seufzt noch einmal. Jetzt muss er aber in die Küche, denn Frau Waas hat ihn schon mehrmals gerufen.

Beim Mittagessen starrt er auf den Teller und rührt mit dem Löffel in der Suppe herum.

Frau Waas schaut ihn besorgt an. »Was ist denn los, mein Junge, bist du krank?«

»Nein, nein«, sagt Jim.
»Schmeckt dir meine Suppe nicht?«
»Doch, doch«, sagt Jim.
»Du hast auch einen ganz roten Kopf.« Frau Waas berührt seine Stirn. »Du hast doch wohl kein Fieber?«
»Fieber?«, fragt Jim.

Vielleicht hat er Fieber, alles an ihm fühlt sich ein bisschen fiebrig an. Ihm ist auch, als wäre die Suppe ein tiefer See und die Erbsen Fische und das Suppengrün das Schilf. Und wenn er länger in die Suppe schaut, sieht er Li Si, wie sie ihn anlächelt, ja ruft sie ihm nicht sogar etwas zu?
»Jim? Hörst du mich?«, ruft sie.
»Ja, Li Si, ich höre dich.«
»Komm zu mir, Jim!«
»Ja, Li Si!«
Und dann fällt Jim der Löffel aus der Hand, in die Suppe und die schwappt über den Tellerrand.

Frau Waas guckt ihn groß an und lächelt. »Lieber Jim, ich glaube, ich weiß, was mit dir los ist.«
»So?«, sagt Jim und wischt mit seiner Serviette die Suppenspritzer vom Tisch.
»Du hast eben, als du geträumt hast, einen Namen gemurmelt.«
»Li Si!«, ruft Jim und strahlt.
»Ja«, sagt Frau Waas. »Und du hast heute Morgen einen Brief von ihr bekommen, nicht wahr?«
»Ja!«, ruft Jim.
Frau Waas schmunzelt. »Was schreibt sie denn?«
»Sie schreibt, dass es ihr gut geht, dass ihr Papa,

der Kaiser von Mandala, viel zu tun hat und dass sie sich manchmal langweilt. Sie fragt, wann Lukas und ich mal wieder nach Mandala kommen, und sie schreibt …«, Jim schaut Frau Waas in die Augen, »dass sie mich vermisst.« Er fühlt, wie seine Wangen heiß werden. Jetzt hat er wirklich Fieber.

Frau Waas lächelt ihn an und seufzt. »Ach, wie schön«, sagt sie. »Jetzt verstehe ich auch … deswegen die Unruhe und die Hitze … ach, wie schön, Jim!«

Jim hört ihr gar nicht richtig zu, er ist in Gedanken schon in Mandala. »Am liebsten möchte ich sofort zu ihr«, sagt er und legt den Löffel weg. Er hat keinen Hunger. Er hat etwas anderes im Bauch, etwas Kribbeliges, und ein großes Verlangen nach Li Si. Das macht ihn satt und gleichzeitig hungrig. Aber nicht nach Suppe, sondern nach dem Lächeln von Li Si, das er zwar immer sehen kann, wenn er die Augen schließt, aber jetzt unbedingt mal wieder richtig sehen möchte, wenn Li Si vor ihm steht. Außerdem möchte er auch ihre Stimme hören.

Jim spürt den Brief in der Hosentasche, jeden einzelnen Buchstaben, den Li Si nur für ihn geschrieben hat. Er seufzt. Er muss an den letzten Satz denken. Ich hab dich lieb, hat Li Si geschrieben und dieser Satz strahlt wie die Sonne persönlich. Das ist der Satz, von dem Jim Fieber bekommen hat. Frau Waas und Lukas haben auch schon oft zu ihm gesagt, dass sie ihn lieb haben. Und er hat Frau Waas und Lukas auch lieb. Aber das ist etwas anderes als dieser Satz. Der ist wie ein Zauber, der ihn sogar in die Suppe lockt. Am liebsten würde er in den Teller springen wie in einen See und dann zu Li Si schwimmen.

»Jim, mein Junge«, sagt Frau Waas. »Ich weiß jetzt, was mit dir los ist. – Du bist verliebt! – Ach, wie wunderbar!«

Jim kann gar nicht denken. Irgendwie verhaken sich seine Gedanken immer wieder. Er kann nur an Li Si denken.

»Was ist Liebe überhaupt?«, fragt er.

Frau Waas seufzt und holt tief Luft. Ihre Stimme ist ganz weich und ihre Augen schimmern seidig.

»Ach, Jim«, sagt sie. »Die Liebe ist die

größte Kraft, die größte Zuneigung, die wir zueinander haben. Die Liebe besiegt alles Böse und ohne die Liebe wären wir gar nicht da. Sie schlummert in jedem von uns und kommt mal mehr, mal weniger zum Vorschein. Manchmal ist sie ganz stark, so wie bei dir gerade, lieber Jim.«
Jim seufzt auch, so wie es Frau Waas eben getan hat, und es tut sehr gut. Er nimmt sich vor, ausführlich über die Liebe nachzudenken, sobald er wieder denken kann.

»Und wenn man verliebt ist«, fährt Frau Waas fort, »ist man wie verzaubert.«

Jim nickt. Da hat Frau Waas wohl recht. Er fühlt sich sehr verzaubert von der Liebe zu Li Si. Am besten, er schreibt jetzt gleich einen Brief, um ihr mitzuteilen, dass er ganz schnell nach Mandala kommt. So schnell wie möglich, denn seine Liebe zu ihr ist so groß wie ein starker Wind, der ihn über das Meer trägt. Er muss schnell Lukas Bescheid sagen, damit er Emma kalfatern, also seetauglich machen kann. Sie müssen nur noch die Segel setzen. Der Wind bringt sie dann nach Mandala.

Mit ein bisschen Glück geht alles

Jim und Lukas sind heute Morgen ganz früh losge-
fahren, im Morgengrauen. Jim hat Frau Waas einen
Brief geschrieben, damit sie sich keine Sorgen
macht. Frau Waas ist immer so ängstlich, wenn Jim
auf Reisen geht. Sie kann Abenteuer nicht so gut
vertragen – und Jim erlebt ja immer Abenteuer,
wenn er mit Lukas und Emma unterwegs ist.
Sie wollen quer durch das Meer und dann in die
Wüste und vielleicht sogar noch weiter. Auf dem
Rückweg wollen sie in Mandala vorbeischauen,
Prinzessin Li Si besuchen. Ihr möchte Jim als Erste
von den Abenteuern erzählen, die sie erleben werden. Aber jetzt sind sie ja erst auf dem Hinweg.
Ganz Lummerland schläft noch. Sie steigen auf
Emma, die schon einen vollen Bauch mit glühen-
den Kohlen hat. Plötzlich kleckst etwas haarscharf
an Jims Nase vorbei auf den Boden. Nanu, denkt
Jim und schaut sich das einmal näher an, was da

eben so haarscharf an ihm vorbeigekleckst ist – Taubendreck!
Lukas lacht. »Na, da hast du aber Glück gehabt. Stell dir mal vor, die Taube wäre ein bisschen langsamer geflogen ...«
»Oder ich ein bisschen schneller gegangen ...«
»... dann hätte sie dich getroffen. Wahrscheinlich mitten auf den Kopf, mein Junge.«

»Bääh!«, macht Jim und steigt über den Klecks Taubendreck. – Glück gehabt!

Emma ist bereit. Sie dampft schon. Lukas löst die Bremsen und dann sausen sie los.

Jim fühlt, wie sein Herz aufgeht. Wie eine Blume, denkt er, weil er sich so freut, auf Reisen zu gehen. »Ich habe wirklich Glück«, sagt er und schaut Lukas an. »Glück, dass du mich mitnimmst.«

»Na hör mal, mein Junge«, sagt Lukas und rückt sich die Mütze zurecht. Der Fahrtwind hat sie ein bisschen verrutscht. »Was wäre ich denn ohne dich? Was für ein Glück, dass es dich gibt! Und dass du so ein mutiger großer Junge bist, der sich auf neue Abenteuer einlässt.«

Jim nimmt Lukas' Hand. Sie ist genauso schwarz wie seine, vom Kohlenschaufeln. Sein Gesicht ist auch nur zu erkennen, weil es jetzt langsam heller wird. Am Horizont erscheint schon die Sonne als roter Ball. Lukas' Hand fühlt sich gut an, groß und weich, und sie hält seine ganz fest. Das genießen beide ein Weilchen.

Dann fragt Jim: »Wieso hat man eigentlich Glück?«

»Glück hat man, wenn man sich drauf einlässt«, sagt Lukas. »Man muss die Tür aufmachen, um es reinzulassen. Wenn man zu ängstlich oder zu misstrauisch ist und seine Tür immer geschlossen hält, dann geht das Glück vorbei. Aber du kannst Glück auch nicht erzwingen, es kommt, wann es will, und nicht, wann du willst – du solltest nur bereit sein, es jederzeit aufzunehmen.«

»Oh ja«, sagt Jim. »Das bin ich ja. Jederzeit, aber ich denke nicht immer dran.«

»Ich glaube, das ist auch gut so. Wenn man immer an das Glück denkt, dann fühlt sich das Glück vielleicht bedrängt und versteckt sich.«

Emma fährt durch einen Tunnel und pfeift ganz laut. Das macht sie immer, wenn sie glücklich ist. Jim fühlt schon wieder ein Ziehen in seiner Brust.

Das ist sein Herz, das sich öffnet – jetzt meint er sogar Mandelblüten zu riechen. Aber das ist unmöglich in einem dunklen Tunnel, in dem höchstens ein bisschen Gras in den Ritzen zwischen den Steinen wächst, aber ganz sicher keine Mandelblüten. Er riecht es trotzdem und sieht Li Si vor sich, wie sie ihn anlächelt und wie sie seinen Namen sagt: »Jim. Jim Knopf.«

Und jetzt weiß er, auch das ist pures Glück, dass er Li Si hier im Tunnel sehen, hören und riechen kann, obwohl sie gar nicht da ist.

Sie fahren zur Landesgrenze. Emma ist langsamer geworden, dann muss sie nachher nicht so scharf bremsen. Kurz vor dem Meer kommt sie zum Stehen. Lukas steigt ab und tätschelt der alten Dame den Kohlentender.

»So, mein Junge, nun machen wir die gute Emma klar für eine Seefahrt, und zwar unter Wasser, und dann geht's ab durchs Meer.« Er beugt sich zu Emmas Schnauze vor und sagt: »Du kennst das ja, gute alte Emma!«

Emma lässt noch ein bisschen Dampf ab. Es sind kleine zufriedene Wölkchen. Glückliche Wölkchen, findet Jim, dann hilft er mit, Emma zu kalfatern. Sie schmieren alle Ritzen mit Teer zu, damit

112

sie im Inneren keine nassen Füße bekommen, wenn sie mit Emma unter Wasser gehen. Das dauert natürlich – besonders, wenn man es so sorgfältig macht wie unsere beiden Freunde.
Als sie endlich fertig sind, steht die Sonne schon hoch am Horizont.
»Wir haben Glück, dass wir so gutes Wetter haben und die See nicht zu stürmisch ist«, sagt Lukas.
Emma gleitet ganz vorsichtig mit der Schnauze ins Wasser.

»Nun aber schnell!«, ruft Lukas und hievt Jim auf Emma. Er selbst klettert auch aufs Dach. Durch eine Luke verschwinden sie in die Lok.

Emma sinkt langsam unter Wasser. Jim kann schon die ersten Fische sehen. Sie kommen ganz nah ans Fenster. Was für ein Glück es doch ist, Fischen so nahe zu kommen, denkt Jim.

Lukas drückt ein bisschen hier und ein bisschen da am Fenster herum und prüft, ob Emma auch wirklich wasserdicht ist. Jim hat da gar keine Bedenken. Emma hat sich schon so gut als Boot bewährt, warum dann nicht auch als U-Boot.

»Es scheint, wir haben beim Kalfatern gute Arbeit geleistet«, sagt Lukas und schaut nun auch durchs Fenster die Fische an. »Aber du weißt ja, mein Junge. Gute Arbeit ist nicht alles, zum Gelingen gehört auch ein bisschen Glück dazu.«

Von Zunder, Funken und Feuersteinen

Jim und Lukas sind endlich in Mandala. Jim hat lange genug gedrängt, Prinzessin Li Si wiederzusehen. Jeden Tag hat er seinen großen Freund gefragt: »Lukas, fahren wir heute nach Mandala?« Und immer ist irgendwas dazwischengekommen. Einmal hatte Lukas Husten und bat ihn, ein, zwei Tage zu warten, der Fahrtwind würde ihm bestimmt nicht guttun. Als es ihm besser ging, hatte Emma Bauchschmerzen: Ein Stück Kohle war im Tender steckengeblieben und drückte sie. Es dauerte einen ganzen Tag, bis Lukas und Jim das herausbekommen hatten.

Jetzt aber sind sie unterwegs und es geht allen dreien bestens. Lukas lutscht ein Pfefferminzbonbon und lässt sich den Fahrtwind um die Nase wehen. Und Jim freut sich schon so auf das Wiedersehen mit Prinzessin Li Si, dass ihm ganz warm ums Herz ist. Die gute alte Emma gibt Vollgas, damit unsere beiden Lokomotivführerfreunde auch keine Minute verlieren.

In Mandala scheint die Sonne und Prinzessin Li Si steht am Fenster des kaiserlichen Palastes und winkt schon von Weitem. Wie hat sich Jim nach diesem Augenblick gesehnt!

Als sie ankommen, rennt Li Si ihm entgegen. Dann steht sie vor ihm, seine Prinzessin!

»Hallo Jim«, sagt Li Si.

Von ihrem strahlenden Lächeln werden Jims Beine ganz weich. Jetzt bloß nicht umfallen, denkt Jim, aber sie umarmt ihn, da kann er gar nicht umfallen.

»Wie schön, dich wiederzusehen!«, sagt Li Si.

»Dich auch!«, sagt Jim.

Nachdem sie sich ausgiebig begrüßt haben, möchte Prinzessin Li Si gleich etwas mit ihnen unternehmen.

»Ich habe eine gute Idee, was wir machen können«, sagt sie. »Ein Lagerfeuer – und ich weiß auch schon, wo.«

Ping Pong, das Erbsenkind, darf auch mit. Es hat noch nie ein Lagerfeuer gesehen.

»Was macht man denn mit so einem Lagerfeuer?«, fragt Ping Pong und muss sich gut festhalten, weil Emma so schnell um die Kurven flitzt.

»Das wirst du schon sehen«, sagt Li Si.

Auf einer Lichtung neben einem Waldstück halten sie. »Hier, auf dem Sandboden, ist der ideale Platz für ein Feuerchen«, sagt Lukas.

»Warum?«, fragt Ping Pong.

»Weil Sand nicht brennt und sich das Feuer dann nicht ausbreiten kann.«

»Und jetzt suchen wir Steine«, sagt Li Si. Die Prinzessin kennt sich nämlich aus mit Lagerfeuern. Sie legt die Steine in einen Kreis, dicht beieinander. »Das begrenzt das Feuer«, erklärt sie Ping Pong. Jim nimmt ihr die schweren Steine ab. »Nun brauchen wir trockenes Holz«, sagt er. »Große Äste und kleine Zweige. Und Zunder.«

»Zunder? Ist das was Leckeres zum Essen?«, fragt Ping Pong.

»Nein«, sagt Jim und lacht. Er lacht Ping Pong aber nicht aus, denn Ping Pong ist immerhin noch ein Baby, wenn auch ein besonders schlaues, das sich selbst die Windeln wechseln kann.

»Zunder ist Brennmaterial«, sagt Jim. »Zum Beispiel trockene Tannenrinde, Laub und Heu. Alles, was schnell entflammt.«

Sie schleppen ganz schön viele Äste, Zweige und Zunder an und legen alles neben den Steinkreis.

Lukas wühlt in den Hosentaschen von seinem blauen Arbeitsanzug. »Nanu«, sagt er und sucht weiter.

»Was suchst du denn?«, fragt Jim.

»Die Streichhölzer«, sagt Lukas. »Ich hatte doch extra eine neue Packung eingesteckt. Aber jetzt habe ich sie nicht mehr.«

»Vielleicht hast du sie verloren«, sagt Li Si.

»Es sieht ganz danach aus. Ich werde mal zu Emma gehen, die hat bestimmt noch ein paar glühende Kohlen in ihrem Tender.«

Emma steht im Schatten und ruht sich aus. Lukas öffnet den Kohlentender, aber er ist leer. Emma hat die ganzen Kohlen für die Fahrt verbraucht und es ist auch kein Funken mehr in ihrem Tender.

Ping Pong fängt plötzlich an zu weinen. »Buhuh«, macht er und reibt sich die Augen. »Jetzt können wir kein Feuer machen und ich habe mich doch so auf das Lagerfeuer gefreut, buhuh!«

Lukas nimmt den Kleinen auf den Arm und tröstet ihn. »Dann machen wir eben Feuer mit einem Feuerstein. Das haben Jim und ich auf unseren Reisen schon oft gemacht und es hat immer geklappt, nicht wahr, Jim?«

Jim nickt und schaut sich nach einem Feuerstein um. Meistens findet man so einen Stein ganz schnell. Und tatsächlich, keine fünf Minuten später hat er schon einen Feuerstein in der Hand und zeigt ihn Ping Pong.

»Guck mal, der Feuerstein ist braun und glatt und sehr hart. Jetzt müssen wir noch Katzengold finden.«

»Goldene Katzen?«, sagt Ping Pong und macht sehr große Augen. Er hat ja schon viele Märchen in seinem kurzen Leben gehört, aber noch nicht, dass man goldene Katzen zum Feuermachen braucht.

»Keine goldenen Katzen, sondern Katzengold«, sagt Lukas. »Das sind besonders harte Steine, die golden glänzen. Eigentlich ist es Schwefelkies und der Stein heißt richtig Pyrit. Wenn man einen Feuerstein und einen Pyrit gegeneinanderschlägt, gibt es die schönsten Funken.«

Ping Pong ist ganz aufgeregt, er will jetzt unbedingt Katzengold finden. Sie suchen und suchen, aber weit und breit ist kein Pyrit zu sehen.

»Schade«, sagt Jim, denn er hätte Li Si gern so einen glänzenden Stein geschenkt, aber Katzen-

gold scheint es nicht immer und überall zu geben. »Dann nimm mein Messer«, sagt Lukas. »Du kennst dich ja aus.« Jim erklärt Ping Pong und Prinzessin Li Si, warum er mit Lukas' Messer Feuer machen kann.

»Ich nehme den Feuerstein in eine Hand und mit der anderen Hand schlage ich mit dem Stahl des Messers dagegen. Seht ihr, das Messer hat eine Stahlkappe.« Jim hält den Stein über einen Zunderhaufen und schlägt mit dem Messer an die Seite des Feuersteins. Immer und immer wieder. Kleine Funken entstehen und fallen auf den Zunder, den er ganz fein zerkrümelt hat, aber die Funken entzünden sich noch nicht.

»Man kann auch Feuer bohren«, sagt Lukas. »Mit einem Zweig, den man in den Handflächen in ein weiches Stück Holz dreht. Durch die Reibung entstehen Funken. Aber das ist viel, viel schwerer, als Feuer zu schlagen.« Er schaut zu, wie Jim immer mehr Funken schlägt.

»Gut machst du das, mein Junge«, sagt Lukas. »Das Wichtigste beim Feuermachen ist Geduld. Ohne Geduld, kein Feuer.«

Und tatsächlich, es dauert eine ganze Weile, bis endlich die Funken den Zunder entzünden. Zuerst raucht es ein bisschen, dann legt Jim den Kopf schräg und pustet vorsichtig in die Glut. Eine kleine Flamme entsteht und frisst sich durch das Zunderbett.

Ping Pong staunt. Li Si und Jim brechen kleine Zweige von den Ästen, die sie gesammelt haben, und legen sie in die Flamme. Das Feuer wird immer größer.

»Es hat Hunger«, sagt Jim und gibt dem Feuer dickere Holzstücke zu fressen.

Nach einer Weile brennt ein wunderschönes Lagerfeuer und sie setzen sich im Kreis drum herum. Lukas hat inzwischen Weidenzweige angespitzt, für jeden einen.

»Huch«, sagt Ping Pong. »Fürs Kämpfen bin ich aber noch zu klein.«

Lukas lacht. »Und ich bin fürs Kämpfen viel zu friedlich. Hier wird auch nicht gekämpft, sondern

Wurst aufgespießt.« Er holt eine Tasche aus Emmas
Führerhäuschen. Jim hat sich schon die ganze Zeit
gefragt, was Lukas wohl darin mitgenommen hat.
Die Tasche ist voller Würstchen.
Lukas spießt Ping Pong ein Würstchen auf den Wei-
denzweig. Jim und Li Si können es selbst. Und
dann halten sie ihre Würstchen über das Feuer.
Ping Pong ist so klein, er kann kaum sein Würstchen halten. Wenn es wie an einer Angel über dem
Feuer hängt, fällt Ping Pong um. Lukas hilft ihm. Er
erklärt ihm auch, dass man das Würstchen nicht direkt in die Flamme halten darf, weil es sonst verbrennt.
»Besser du hältst es hier am Rand über die Glut«,
sagt Lukas zu Ping Pong. »Dann wird es schön
knusprig.«
»Hm, schmeckt das lecker«, sagt Jim. Er ist schon
bei seiner zweiten Wurst.
»Einfach köstlich«, sagt Prinzessin Li Si.
Als sie satt sind und auch genügend kalte Limonade getrunken haben – die hatte Lukas auch noch
in seiner Tasche –, machen sie es sich am Feuer bequem. Ping Pong nuckelt genüsslich an seiner Flasche Eidechsenmilch. Limonade bekommt ihm
noch nicht.
Es sind jetzt keine Flammen mehr da, nur noch rot

flackernde Glut und es ist schön, diesem Feuerspiel zuzuschauen.

»Gut, dass es Feuer gibt«, sagt Jim.

»Ohne Feuer wäre gar kein Leben auf der Erde möglich«, sagt Li Si.

Lukas nickt. »Ja, stellt euch mal vor, dann hätten wir nichts zum Wärmen und nichts zum Kochen oder Grillen oder Braten. Wir müssten immer kalte Butterbrote essen.«

»Wer hat denn das Feuer erfunden?«, fragt Ping Pong.

»Das Feuer ist nicht erfunden«, sagt Lukas, »sondern gefunden worden. Feuer gibt es tief in der Erde und ein Vulkan schleudert es manchmal an die Oberfläche. Oder ein Blitz schlägt in einen Baum ein und entzündet ihn. Die Neandertaler haben in der Steinzeit herausgefunden, wie man Feuer macht – so ähnlich, wie wir es eben gemacht haben.«

»Was für Taler?«, fragt Ping Pong.

»Neandertaler – so nennt man die Vorgänger der heutigen Menschen. Wir haben uns aus den Neandertalern vor über hunderttausend Jahren entwickelt.«

»Aber ich bin doch noch gar nicht so alt«, sagt Ping Pong.

Jim kratzt sich am Kopf. Manchmal ist es ganz schön kompliziert, Ping Pong etwas zu erklären, aber Li Si scheint das gewohnt zu sein.

Sie schmunzelt. »Das heißt ja auch nicht, dass du direkt von den Neandertalern abstammst, Ping

Pong. Schau mal, du bist das zweiunddreißigste Kindeskind vom Küchenchef. Und vor dir hat es schon Tausende von Kindeskindern gegeben – und das erste von den Kindeskindern war der direkte Nachkomme der Neandertaler, aber wie gesagt, das war vor gut hunderttausend Jahren.«

Jim hört ihr gern zu, ihre Stimme ist wie Musik. Lukas legt einen dickeren Ast in die Glut.

»Die Neandertaler hätten ohne Feuer gar nicht überleben können«, sagt Lukas. »Es gab ihnen in ihren Höhlen Licht und Wärme und hielt die wilden Tiere fern. Tiere haben nämlich Angst vor Feuer.«

»Außerdem härteten sie ihre Pfeilspitzen im Feuer«, fügt Prinzessin Li Si hinzu.

»Die Menschen haben aber auch Angst vor Feuer, wenn es brennt«, sagt Ping Pong.

»Ja, das stimmt. Wenn ein Feuer außer Kontrolle gerät, kann es viel zerstören. Ganze Städte sind schon niedergebrannt. Da muss man sehr aufpassen«, sagt Lukas.

»Auch wenn ein Blitz einschlägt«, sagt Jim.

»In Mandala gibt es Blitzableiter«, sagt Li Si.

»Was für eine Leiter?«, fragt Ping Pong und fängt an zu gähnen. Wahrscheinlich ist das alles ein bisschen viel für ein Erbsenkind, das ja eigentlich noch ein Baby ist.

»Der Blitz schlägt immer in den höchsten Punkt ein«, sagt Prinzessin Li Si. »Ein Blitzableiter ist meistens ein Metalldraht, der am höchsten Punkt des Daches angebracht ist. Metall leitet nämlich gut. Dieser Draht läuft an der Seite des Hauses in den Boden und leitet den Blitz in die Erde, wo er kein Feuer mehr entfachen kann.«

Jim schaut Prinzessin Li Si bewundernd an. »Was du alles weißt«, sagt er. »Ich habe gelernt, dass man sich bei einem Gewitter nicht unter einen Baum stellen soll.«

»Das stimmt. Weil der keinen Blitzableiter hat«, sagt Li Si.

»Das weiß doch jedes Baby«, sagt Ping Pong und hat seine Augen schon zu. »Entschuldigt mich bitte ein Weilchen«, nuschelt er. »Ich brauche dringend meinen Mittagsschlaf.«

Während Ping Pong ein Nickerchen macht, sitzen Jim, Lukas und Li Si noch gemütlich am Feuer und lassen es langsam ausgehen. Die Glut wird immer kleiner.

»Bevor wir gehen, müssen wir es aber ganz ausmachen«, sagt Lukas. »Nicht, dass der Wind es wieder entfacht und wir einen Waldbrand verursachen.«

»Soll ich Wasser holen?«, fragt Jim. Ein kleiner See ist in der Nähe.

»Wir können auch Sand aufschippen. Dann erstickt es. Aber vorher muss ich noch ein paar glühende Zweige zu Emma rübertragen und in ihrem Ofen ein neues Feuer machen. Wenn ihre Kohlen nicht brennen, kommen wir nicht nach Hause. Und sobald Ping Pong aufgewacht ist, zeige ich euch noch ein Kunststück.«

»Au ja«, ruft Jim. Er liebt Lukas' Kunststücke. Er schaut immer gern zu, wenn Lukas Eisenstangen verbiegt oder um die Ecke spuckt, denn er ist sehr stark und ein wahrer Spuck-Künstler noch dazu.

Zum Glück wacht Ping Pong auch bald auf. Aber dann müssen sie noch einen kleinen Moment warten, bis er seine Windeln gewechselt hat. Er zieht sich dafür zurück.

Frisch und munter kommt er wieder und freut sich auf Lukas' Überraschung.

»Jim, mein Junge, würdest du mir assistieren?«, fragt Lukas.

Er nimmt ein Stückchen Holz, so groß wie ein Streichholz, und entzündet es an der restlichen Glut. Er gibt Jim das brennende Hölzchen und bittet ihn, es von sich gestreckt zwischen Zeigefinger und Daumen zu halten. Dann macht Lukas drei

127

große Schritte zurück und schaut gebannt auf das Zündholz.

»Mach schnell«, sagt Jim, der schon ahnt, dass Lukas das Hölzchen ausspucken will. »Ich verbrenne mir gleich die Finger.«

Da fliegt schon die Spucke auf das Streichholz – es zischt leicht und die Flamme ist aus.

Alle klatschen.

»Grandios!«, sagt Jim. »Du hast beim ersten Mal getroffen.«

»Und jetzt gehe ich sogar noch einen halben Schritt weiter weg und spucke vorher einen Looping«, sagt Lukas.

Als sich Lukas dreieinhalb Schritte von Jim entfernt hat und die Flamme des Hölzchens schon fast Jims Finger verbrennt, halten Prinzessin Li Si und Ping Pong die Luft an. Wird Lukas aus so einer Entfernung treffen – und vorher noch einen Looping spucken?

Lukas kneift die Augen zusammen, zielt und spuckt. Die Spucke fliegt einen Looping und trifft die Flamme mit einer solchen Wucht, dass Jim das ganze Hölzchen aus der Hand fällt. Alle klatschen.

»Na ja«, sagt Lukas. »Das war nicht so elegant, aber einen Looping zu spucken ist auch kein Pappenstiel.«

»Was ist denn ein Pappenstiel?«, fragt Ping Pong.

»Ach, das erklären wir dir auf der Rückfahrt«, sagt Jim.

Dann machen sie das Feuer aus und steigen auf die Lokomotive. Die gute alte Emma hat inzwischen den Bauch voll frisch glühender Kohlen und tutet kräftig bei der Abfahrt.

Die Kuchen der Erde

Jim, Li Si und Lukas laufen durch Mandala. Ping Pong begleitet sie.

Li Si und Ping Pong haben Jim und Lukas schon viel von ihrer Heimat gezeigt: den Markt, den kaiserlichen Palast von innen und außen. Einen Ausflug in die hügelige Landschaft haben sie auch schon gemacht. Nun sitzen sie auf einer Bank im kaiserlichen Schlosspark. Überall stehen blühende Mandelbäume. Es duftet so gut. Li Si möchte gern wissen, wie es bei Jim und Lukas zu Hause in Lummerland aussieht.

»Lummerland ist eine Insel«, sagt Jim.

»Was ist eine Insel?«, will Ping Pong wissen. In Mandala sind die Babys zwar schon sehr schlau und können sich selbst füttern und die Windeln wechseln, aber von einer Insel hat Ping Pong noch nie gehört.

»Das ist Land mit lauter Wasser drum herum«, sagt Lukas.

Jim Knopf kratzt sich am Kopf, so, wie es normalerweise sein großer Freund Lukas immer tut, wenn er nicht genau weiß, wie er etwas erklären soll.

Dann sagt Jim: »Inseln sind die Kuchen der Erde. Vielleicht hat ein Riese sie gebaut, ist dann zum Essen gerufen worden und hat sie stehen lassen. Und mit der Zeit sind Gras und Blumen und Bäume darauf gewachsen.« Jim lacht.

»Was für eine lustige Vorstellung«, sagt Lukas.

»Das hast du sehr schön gesagt, Jim.« Li Si lächelt. »Kuchen der Erde ... das klingt sogar richtig poetisch.«

Jim ist sehr stolz auf das Lob der Prinzessin. Er atmet tief ein, damit sich das schöne Gefühl in seinem ganzen Körper ausbreiten kann.

»Pötisch-pötisch – was ist das denn nun wieder?«, fragt Ping Pong.

»Po-e-tisch«, sagt Li Si. »Und das heißt dichterisch – also, wenn jemand etwas besonders schön sagt.«

»Ich kann auch dichten«, sagt Ping Pong. »Ich bin klein, meine Windel ist rein, sollen alle Gäste essen kommen und meine Freunde sein.«

Jim, Lukas und Li Si klatschen laut. Ein Fahrradfahrer, der durch den Park radelt, schaut sich nach ihnen um und reckt den Kopf, um zu sehen, warum dort geklatscht wird. Aber er sieht nichts, wahrscheinlich auch nicht den kleinen Ping Pong, wie er vor Freude über sein Gedicht auf der Bank herumhopst. Er ist nämlich so klein, dass man ihn aus der Ferne gar nicht erkennen kann. Jetzt wäre der Fahrradfahrer beinahe gegen einen Baum gefahren, weil er immer noch guckt, was es dort zu klatschen gibt.

Als sich Ping Pong wieder beruhigt hat, setzt er sich hin. Er ist ganz außer Atem.

»Ich glaube nicht an Riesen«, sagt er plötzlich und schaut seine Freunde ängstlich an. »Riesen sind für uns kleine Erbsenkinder sehr unheimlich. Und des-

133

wegen ist es besser, wenn wir Babys in Mandala gar nicht erst an Riesen glauben. Aber an Kuchen glaube ich. Allerdings kann ich mir nicht vorstellen, dass ihr auf einem Kuchen wohnt.«

»Das tun wir auch nicht«, sagt Jim. »Wir wohnen auf einer Insel. Und die ist im Meer.«

»Und was sind diese Inseln nun wirklich?«, fragt Ping Pong.

»Landerhebungen«, sagt Jim. »Wenn in einer ganz normalen hügeligen Landschaft der Wasserspiegel steigt, ragen irgendwann nur noch die Hügel aus dem Wasser und werden zu Inseln.«

»Oh ja«, ruft Ping Pong. »Und dann kann man sich von der Insel aus im Wasserspiegel anschauen. Kannst du das zu Hause auch, Jim?«

»Nur wenn das Wasser ganz glatt und ruhig ist«, sagt Jim. »Aber meistens weht bei uns eine frische Brise und dann rollen Wellen an die Landesgrenze. Ein Wasserspiegel ist übrigens auch kein Spiegel, in dem man sich anschauen kann, sondern er zeigt den Stand des Wassers an.«

»Aber hier bei uns in Mandala kann man sich im Wasser spiegeln«, sagt Ping Pong ein bisschen beleidigt.

»Ja, das kann man bei uns auch«, sagt Jim. »In ruhigem Gewässer. Aber das Meer ist, wie gesagt,

meistens nicht ganz ruhig, es hat oft Wellen und wir springen dann in die Wellen, nicht wahr, Lukas?«
Lukas nickt.
Ping Pong hopst auf der Bank herum. »Ich will auch mal in die Wellen springen!«, ruft er und kullert über den Rasen.
»Dann musst du uns besuchen kommen«, sagt Jim und sieht dabei auch Li Si an.
Li Si schaut ganz ernst, als überlege sie scharf. »Wie entstehen Inseln eigentlich?«, fragt sie.

»Meistens durch Vulkane«, sagt Jim. Gut, dass ihm das vor Kurzem Lukas erzählt hat. Jim ist froh, sein Wissen jetzt an Prinzessin Li Si weitergeben zu können. »Also, das ist so: Vulkane befördern Gestein aus dem Erdinneren nach oben. Dadurch wachsen Hügel oder – wenn das im Meer passiert – Inseln. Unsere Erde besteht nämlich aus ganz vielen Platten und die schwimmen auf einer zähflüssigen heißen Schicht, dem Magma. An manchen Stellen tritt dieses Magma aus und steigt empor. So wächst langsam eine Insel. Und wir wohnen auf so einer Insel, auf Lummerland.«

»Du weißt ja wirklich eine Menge über Inseln«, sagt Li Si bewundernd zu Jim.

Jim merkt, wie ihm das Blut in den Kopf steigt. Er wird ganz rot. Gut, dass man das bei seiner dunklen Hautfarbe nicht so sehr sieht.

»Ich habe schon viel von Inseln gehört und gelesen«, sagt Li Si, »aber gesehen habe ich noch keine.« Sie schaut zögernd zu Jim.

»Dann laden wir euch hiermit ganz herzlich nach Lummerland ein«, sagt Lukas und stößt Jim mit dem Ellenbogen an.

»Ja!«, ruft Jim und strahlt Li Si an. »Kommst du?«

»Gern«, sagt die Prinzessin und lächelt Jim an, dass ihm ganz schwindelig wird.

136

Plötzlich hört er ein Geräusch. Er schaut sich um, aber hinter ihm ist niemand. Das Geräusch wird lauter – und nun erkennt er, was es ist: Schnarchen. Und jetzt sieht er auch, woher es kommt: Ping Pong liegt auf der Bank und ist eingeschlafen.
Inseln, Riesen und Kuchen – das war wohl doch alles ein bisschen zu viel für das kleine Erbsenkind.

Als Ping Pong seinen Mittagsschlaf beendet hat, begleiten unsere beiden Lokomotivführerfreunde die Prinzessin und Ping Pong bis zum kaiserlichen Palast. Nun heißt es Abschied nehmen.
Li Si umarmt Jim. »Bis ganz bald – in Lummerland oder in Mandala.«
»Ja«, sagt Jim. »Bis ganz bald!«
Dann steigen Jim und Lukas auf die Lokomotive und fahren los. Sie winken noch so lange, bis Li Si und Ping Pong nicht mehr zu sehen sind.

Wenn man liegt, wächst man besser

Jim und Lukas sind wieder auf Lummerland. Reisen sind zwar aufregend, aber zu Hause ist es auch schön. Nur schade, dass Prinzessin Li Si jetzt wieder so weit weg ist.

Heute ist Jim ganz früh aufgewacht. Er springt aus dem Bett und läuft in die Küche. Aber dort hört er nur die Uhr ticken. Sechs Uhr und sieben Minuten – klar, um diese Zeit liegt Frau Waas noch im Bett. Jim setzt sich an den Tisch und wartet, dass Frau Waas aufsteht. Er hat ihr etwas Unglaubliches mitzuteilen!

Er wartet bis sechs Uhr neun und horcht, ob er etwas aus dem Schlafzimmer nebenan hört, aber Frau Waas schläft noch immer. Jim geht zweimal in der Küche links herum und dreimal rechts herum. Dann ist es sechs Uhr zwölf. Die Sonne scheint schon in die Küche, aber Frau Waas liegt immer noch im Bett. Nun kann Jim aber wirklich nicht mehr länger warten! Er geht in Frau Waas' Schlafzimmer und weckt sie auf.

»Frau Waas, Frau Waas, ich bin schon wieder gewachsen!«

Frau Waas setzt sich auf und reibt sich die Augen. Sie versteht nicht gleich, was Jim meint.

»Ich bin heute Nacht gewachsen, ich habe es genau gespürt«, ruft Jim.

»Du hast es gespürt?« Frau Waas blinzelt Jim an.

»Ja, hier in den Knien. Es hat wehgetan, als hätte mich jemand an den Beinen gezogen.«

»Also, ich war es nicht«, sagt Frau Waas und lacht.

»Ich habe geschlafen.« Sie streckt sich, gähnt aus-

giebig und schwingt die Beine aus dem Bett. Dann steht sie auf und nimmt Jim an die Hand. »Lass uns mal zu deiner Messlatte gehen und nachsehen.«

Die Messlatte ist eigentlich keine richtige Messlatte, sondern eine selbst gezeichnete Strichleiste am Türrahmen. Seitdem Jim stehen kann, hat Frau Waas ihn an den Türrahmen gestellt und einen Strich über seinen Kopf gemacht, um zu schauen, wie schnell er größer wird.

In den ersten drei Monaten, als Baby, ist Jim am schnellsten gewachsen. Drei bis dreieinhalb Zentimeter pro Monat. Da musste Jim noch im Liegen

gemessen werden, mit einem Messband. Nach dem dritten Monat ist Jim langsamer gewachsen. Klar, man kann ja nicht jeden Monat über drei Zentimeter wachsen, dann würde man ja jedes Jahr sechsunddreißig Zentimeter größer und wäre schon mit sechs oder sieben Jahren ein Riese.

Ab dem zweiten Lebensjahr verlangsamt sich das Wachstum. Man wächst nicht mehr so viel, weil man beweglich wird, also krabbelt und dann anfängt zu laufen und überhaupt nicht mehr stillsitzen kann. Und wenn man sich bewegt, wächst man nicht.

Deshalb wächst man auch nur nachts, wenn man ruhig im Bett liegt und schläft. Das alles hat ihm König Alfons der Viertel-vor-Zwölfte erzählt, nachdem er drei Stunden mit einem berühmten Wachstumswissenschaftler telefoniert hat. Der hat auch gesagt, dass ein bestimmtes Wachstumshormon für das Wachsen zuständig sei. Dieses Hormon wird im Schlaf ausgeschüttet und lässt Kinder größer werden. Außerdem erneuert es bei den Erwachsenen die Zellen. Die Großen wachsen ja nicht mehr in die Höhe, aber ihre Muskeln und Sehnen müssen sich aufbauen und stärken. Für all das ist das Wachstumshormon zuständig. Jim findet das hochinteressant!

Jetzt stellt sich Jim an den Türrahmen. Frau Waas braucht ein Weilchen, bis sie einen Bleistift findet. Und dann sucht sie noch ihre Brille. Das dauert noch mal ein Weilchen. Sie ist wohl noch nicht ganz wach.

»So, dann wollen wir mal schauen, wie groß du geworden bist«, sagt sie. Jim steht bereit.

»Aua«, sagt Jim.

»Tut dein Knie noch vom Wachsen weh?«, fragt Frau Waas.

»Nein, du hast mich an den Haaren geziept.«

»Entschuldigung«, sagt Frau Waas und zeichnet vorsichtig einen Strich an den Türrahmen.

Jim hält ganz still. Dann tritt er einen Schritt vor und schaut sich das Ergebnis an. »Oh, guck mal, da ist wirklich ein großer Abstand zwischen dem letzten Strich und dem heutigen.«

»Lass mal schauen, wann wir den letzten Strich gemacht haben ...« Frau Waas beugt sich vor. »Das war letzte Woche Montag. Der Unterschied beträgt einen ganzen Zentimeter, wenn nicht mehr. – Holst du bitte mal das Lineal, Jim?«

Jim flitzt los und kommt mit dem Lineal zurück. Er misst den Abstand aus. »Genau ein Zentimeter und sechs Millimeter! Und das ist heute Nacht passiert, ich habe es ganz deutlich gespürt.«

143

»Tut es denn jetzt noch weh?«

Jim bewegt sein linkes Knie, dann sein rechtes. »Nein. Jetzt tut es nicht mehr weh. – Es zieht nur ein bisschen.«

»Hm«, macht Frau Waas. »Wenn man so einen enormen Wachstumsschub hat, dann brauchen die Sehnen wohl ein bisschen länger, um mitzukommen.«

»Was für Sehnen?«, fragt Jim.

»Das sind die Bänder, die die Knochen mit den Muskeln verbinden«, sagt Frau Waas.

»Dann wachsen die Knochen also zuerst und die Sehnen wachsen nach.«

»Ich glaube, so ist das, lieber Jim.« Frau Waas streicht ihm über den Kopf und gähnt.

»Entschuldige«, sagt sie, »aber ich bin noch so müde. Es ist ja auch erst sechs Uhr achtundzwanzig. Sag mal, wollen wir uns noch ein Stündchen ins Bett legen und deinen Sehnen die Chance geben, ein bisschen zu wachsen, damit sie wieder zu den Knochen passen? Du weißt doch, wenn man liegt, wächst man besser.«

Sie lächelt Jim an.

»Das ist eine gute Idee«, sagt Jim und nimmt ihre Hand. »Aber dann gehen wir in dein Bett, da können wir uns aneinanderkuscheln.«

»Das machen wir«, sagt Frau Waas und gähnt noch einmal herzhaft.
Im Bett ist es schön warm. Frau Waas kuschelt sich in die Decke und schläft sofort wieder ein. Und dann schnarcht sie sogar ein bisschen.

Werden Fische müde?

Jim hat sehr lange geschlafen, jetzt muss er sich bewegen. Seine Beine wollen rennen. Also rennt er zu Lukas.

Der wartet schon vor der Bahnstation auf ihn. »Wollen wir einen kleinen Strandspaziergang machen?«, fragt sein großer Lokomotivführerfreund. Das ist genau das Richtige für Jim.

Am Strand sucht Jim Muscheln und Lukas schaut aufs Meer. Das Meer ist heute ganz ruhig, kein Wind weht, es liegt vor ihnen wie eine riesige blaugrüne Decke. Jim bleibt stehen und schaut auch aufs Meer. Er kann sich gar nicht vorstellen, dass im Meer ganz viele Fische und Meerestiere wohnen. Bei dem Gedanken schnappt Jim nach Luft.

»Was ist mit dir?«, fragt Lukas. »Du machst so lustige Bewegungen mit dem Mund. Wie ein Fisch.«

»Wie können all die Fische nur im Wasser überleben?«, fragt Jim.

»Tja, mein Junge«, sagt Lukas und kratzt sich am Kopf. »Vielleicht fragen sich die Fische, wie wir Menschen ohne Wasser überleben können.«

Jim lacht. »Aber weißt du, warum die Fische keine Luft brauchen?«

»Fische brauchen auch Luft, also Sauerstoff, nur atmen sie anders als wir Menschen. Sie filtern den Sauerstoff aus dem Wasser. Das Wasser enthält zwar weniger Sauerstoff als die Luft, aber dafür haben Fische besonders gute Atmungsorgane, um den Sauerstoff aus dem Wasser zu filtern.«

»Und wie machen sie das?«, fragt Jim.

»Ganz einfach. Ein Fisch öffnet das Maul und lässt Wasser hineinströmen. Das Wasser fließt dann durch den Schlund zu den Kiemen, die sich hinter den Augen, seitlich am Kopf, befinden. Das sind feine, bewegliche Hautlappen. Wenn das Wasser an ihnen vorbeifließt, dringt der gelöste Sauerstoff durch die dünne Kiemenhaut in fein verzweigte Blutgefäße. Diese dünnen Kiemenblätter filtern den Sauerstoff heraus, damit er sofort ins Blut übergeht.«

»So eine Kiemenatmung ist ja ganz schön raffiniert«, sagt Jim.

Lukas nickt. »Bei den meisten Fischen liegen die Ausgänge der Kiemenöffnung unter einem Kiemendeckel, aber bei Haien kann man die Kiemen sehr gut sehen. Sie haben fünf bis sieben schmale Streifen auf jeder Kopfseite.«

»Ich habe noch nie einen Hai aus der Nähe gesehen, Lukas.«

»Dann müssen wir unbedingt mal wieder eine kleine Unterwassertour mit Emma machen. Emma ist ja pflegeleicht, sie braucht nur Kohlen, keine Kiemen und keine Lunge.«

Jim holt tief Luft. »Ich kann richtig spüren, wie die Luft in meine Lunge geht. Wieso ist das Atmen eigentlich so wichtig?«

»Weil es unser Blut mit Sauerstoff versorgt. Das ist ein Stoff, den unsere Zellen brauchen – du weißt ja, unser Körper besteht aus vielen winzigen Zellen. Und deshalb ist das Atmen lebenswichtig, für Fische und alle Landtiere und natürlich auch für uns Menschen. Die Fische bekommen diesen Sauerstoff aus dem Wasser und wir aus der Luft.«

»Wir können also nicht unter Wasser atmen, weil wir keine Kiemen haben?«

»Genau. Wir würden unter Wasser ersticken. Und ein Fisch kann an Land nicht überleben – er schnappt nach Luft und müsste doch sterben, weil seine Kiemen nicht dafür gemacht sind, den Sauerstoff aus der Luft zu filtern.«

»Ach so ist das«, sagt Jim und sieht im seichten Wasser ein paar Fische flitzen. »Die sind ganz schön schnell. Und was machen sie, wenn sie müde werden? Schlafen Fische eigentlich?«

Lukas nickt. »Ja, aber sie haben kein Bett wie du und ich.«

Jim lacht. »Das wäre doch was, ein Unterwasserbett für Fische.« Er stellt sich vor, wie die Fischkinder schlafen gehen und die Fischmama sie mit Algen zudeckt.

»Fische schlafen auch nicht so tief wie wir Menschen. Sie müssen ja immer auf der Hut sein, um nicht von anderen Fischen gefressen zu werden. Deshalb suchen sie sich Höhlen oder schwimmen unter einen Stein. Sie lehnen sich an eine Wand oder legen sich auf die Seite und dann dösen sie ein bisschen und ruhen sich aus.«

»Haben sie dabei die Augen zu?«

»Nein, die Augen haben sie immer offen. Das bedeutet aber nicht, dass sie die ganze Zeit etwas sehen. Sie können ihre Augen ausschalten. Aber Schlafen ist für einen Fisch immer gefährlich. Manche Fischarten wechseln zum Schlafen auch ihre

Farbe, damit man sie nicht entdeckt. Sie nehmen dann die Farbe vom Meeresboden an oder von der Höhle, in der sie dösen. Sobald ein großer, fremder Fisch kommt, werden sie wach. Sie spüren die Strömung, die der feindliche Fisch verursacht. Manchmal sind sie aber noch zu müde, um zu entkommen, und dann ... haps haps, werden sie von einem Raubfisch zum Frühstück gefressen.«

»Gut, dass ich kein Fisch bin«, sagt Jim. »Obwohl ich auch gern mal so durch das Meer sausen würde. – Sag mal, Lukas, Fische fressen sich ja nicht nur gegenseitig auf. Was fressen sie denn sonst noch?«

»Alles Mögliche, was im Wasser schwimmt – Algen, Wasserflöhe ...«

»Und müssen sie auch was trinken?«, fragt Jim.

»Ja. Aber da sind sie ja an der Quelle.«

»Dann sind Fische nie durstig, weil sie ja immer was trinken können.«

»So ist es.« Lukas nickt. »Ich bekomme auch langsam Durst. Wie sieht es bei dir aus, mein Junge?«

»Ja, eine kalte Limonade wäre jetzt genau das Richtige.«

Die beiden Freunde schauen noch mal aufs Meer – die kleinen Fische, die eben noch herumgeflitzt sind, sind jetzt verschwunden. Hoffentlich wurden sie nicht aufgefressen, denkt Jim.

Der mutigste Untertan
von Lummerland

Jim und sein Freund Lukas fahren mal wieder durch Lummerland. Es weht ein laues Lüftchen, Schmetterlinge tanzen in der Luft und die Sonnenblumen blühen. In der Nähe vom Schloss machen sie eine Pause. Die alte Emma soll ein bisschen verschnaufen, ihr Kühlwasser muss aufgefrischt werden, denn sie hat sich ganz heißgerast. Besonders in den Tunneln war sie wieder mal kaum zu halten. Lukas schaut auf die Uhr. »Gleich Viertel vor zwölf«, murmelt er.

»Wollen wir unserem König Alfons dem Viertel-vor-Zwölften einen kleinen Besuch abstatten?«, fragt Jim. »Er gibt uns bestimmt Kühlwasser für Emma.«

Lukas nimmt seine Mütze ab und fährt sich durch die Haare. »Meinst du, dass jetzt der richtige Zeitpunkt dafür ist?«

»Ja, wieso nicht?«

»Vielleicht passt es ihm nicht, wenn wir ihn besuchen, ich meine, er ist immerhin Alfons der Viertel-vor-Zwölfte. Und er heißt so, weil er um Viertel vor zwölf geboren wurde. In so einer wichtigen Minute empfängt er keine Untertanen.« Lukas setzt seine Mütze wieder auf.

»Da magst du recht haben, Lukas, aber vielleicht auch nicht«, sagt Jim. »Los, lass uns gehen. Ich habe Durst und Emma hat auch Durst. Und so, wie du schwitzt, könntest du bestimmt auch einen guten Tropfen Wasser vertragen.«

»Oh, kein Zweifel«, sagt Lukas und wischt sich mit dem Ärmel über die rußverschmierte Stirn. »Unser König hält ja immer Kühlwasser bereit – ob für Menschen oder Maschinen. Aber um Viertel vor zwölf?«

»Ach, wir gehen einfach«, sagt Jim. »Er kann ja nicht jeden Tag seine Geburtsstunde feiern.«

»Bei Königen weiß man nie«, sagt Lukas und zögert noch ein bisschen, aber natürlich lässt er seinen kleinen Freund nicht allein gehen.

Vor dem großen Schlosstor bleiben sie stehen und lauschen. Es ist sehr ruhig im Schloss.

»Vielleicht hält unser König ja gerade seinen Mittagsschlaf«, sagt Lukas.

»Nein, das glaube ich nicht«, sagt Jim. »Mittag ist

erst ab zwölf und einen Mittagsschlaf macht man nach dem Mittag. Ich klopfe jetzt.« Und dann klopft Jim tatsächlich an das große Tor.

Im Nu fliegt das Tor auf und König Alfons der Viertel-vor-Zwölfte steht vor ihnen. Er hat seinen roten Mantel an und seine goldenen Pantoffeln, aber keine Krone auf.

»Na, das ist ja eine Überraschung«, sagt der König und bittet die beiden Freunde einzutreten. »Um diese Zeit habe ich noch nie Besuch bekommen.«

»Äh, wir wollten fragen, lieber König, ob du für uns ein bisschen Kühlwasser hättest.« Jim räuspert sich. »Wir sind so schnell durch die Tunnel gerast und schrecklich durstig. Unsere gute alte Emma auch.« Jetzt wird es Jim doch ein bisschen mulmig, wie er so vor dem König steht und um diese Zeit um Wasser bittet.

»Du bist sehr mutig, mein kleiner Jim«, sagt der König und lacht ihn freundlich an. »Bislang hat sich noch niemand getraut, mich um genau Viertel vor zwölf nach etwas zu fragen. Um Viertel vor zwölf denke ich nämlich immer über mein Leben nach und möchte nicht gestört werden. Nicht mal mein Telefon darf dann klingeln.«

Jim merkt, wie Lukas von einem Bein auf das an-

dere tritt. »Entschuldigung, werter König Alfons«, sagt Jim. »Lukas hat das auch schon erwähnt, aber ich wollte nicht auf ihn hören.«

»Und es ist gut, dass du nicht auf ihn hören wolltest. Mutige Männer übernehmen nämlich selbst die Entscheidungen für wichtige Taten.« Der König lacht so sehr, dass sein großer Bauch wackelt. Er bittet die beiden, es sich in seinem Regierungszimmer gemütlich zu machen.

Jim und Lukas setzen sich auf zwei Stühle, der König lässt sich auf seinem Thron nieder. Er schenkt Wasser in drei Gläser und hebt sein Glas in die Luft.

»Auf Jim, der so mutig war und mich um genau Viertel vor zwölf besucht hat! Zum Wohl!«

Sie stoßen mit den Gläsern an und Jim spürt, wie er ein bisschen rot wird im Gesicht. Zum Glück fällt das nicht so auf bei seiner dunklen Hautfarbe, aber er kann die Hitze doch sehr gut fühlen.

Der König trinkt einen großen Schluck und lehnt sich zurück. »Wisst ihr, dass ich mir schon lange gewünscht habe, dass mich jemand um Viertel vor zwölf besuchen kommt?«

Jim und Lukas schütteln den Kopf.

»Ja, und wie! Denn ab Viertel nach elf wird mir immer so furchtbar langweilig. Spätestens um halb zwölf ruft mich keiner mehr an und dann fühle ich mich so allein und werde traurig. Das dauert bis um zwölf. Es ist so öde, jeden Tag um die gleiche Zeit über sein Leben nachzudenken. Ab zwölf machen alle Regierenden einen Mittagsschlaf und ich muss mindestens bis eins warten, bis ich wieder telefonieren kann.«

»Machst du denn keinen Mittagsschlaf?«, fragt Jim.

»Nein, eigentlich nicht«, sagt Alfons der Viertel-vor-Zwölfte. »Um ehrlich zu sein, telefoniere ich lieber – oder freue mich, dass ihr zwei hier seid. Und das haben wir nur dem mutigen Jim zu verdanken. Er hat die Tradition durchbrochen.«

»Danke«, sagt Jim und schaut verlegen auf seine Füße.

»Ja, Jim ist ein ganz mutiger Junge«, sagt Lukas. »Als wir in der Wüste waren und am Horizont ein Riese auftauchte, hat er seine Angst überwunden und ist mit mir zu dem Riesen gegangen.«

Der König macht große Augen.

»Und nur, weil er mutig genug war, sich das Fremde aus der Nähe anzuschauen, konnte er herausfinden, dass der Riese nur ein Scheinriese war. Je näher wir kamen, desto kleiner wurde er, bis ein sehr lieber, alter, kleiner Mann vor uns stand.«

»Tur Tur!«, ruft Jim. »Und dann hat er uns in seine Oase eingeladen und Fladenbrot für uns gebacken.«

»Das ist eine sehr heldenhafte Geschichte. Die meisten haben nämlich entsetzliche Angst vor Scheinriesen«, sagt der König. »Dass du deine Angst überwunden und dich dem Fremden genähert hast, davon wusste ich ja noch gar nichts.«

»Och, da kann ich jede Menge Geschichten erzählen«, sagt Lukas und zwinkert Jim zu. »Er hat ja sogar Prinzessin Li Si aus der Drachenstadt befreit.«

Bei dem Namen Li Si bekommt Jim schimmernde Augen. Ach, wie gern wäre er jetzt bei Prinzessin Li Si! Oder noch besser, wie schön wäre es, wenn Prinzessin Li Si hier wäre. Dann könnte sie hören, wie mutig er ist.

»Weißt du, mein Junge«, sagt der König und beugt sich zu Jim vor, »früher dachte ich immer, mutig seien die Helden, die in den Krieg ziehen und siegreich wieder nach Hause kommen.«

»Ja ist das denn nicht so?«, fragt Jim. »Man liest das doch in allen Geschichtsbüchern.«

»Und in den Zeitungen«, fügt Lukas hinzu.

»Nein, mein Junge. Mut hat nichts mit Kämpfen zu tun. Wer mutig ist, findet neue Wege und geht nicht

160

auf demselben Trampelpfad, auf dem schon alle anderen vor ihm gegangen sind. Der Mutige denkt selbst nach und muss nicht überall mitmachen. Der sagt auch mal Nein. Erst gestern habe ich mit einem Kaiser aus einem fernen Land gesprochen, der mich gefragt hat, ob ich mich nicht mit ihm gegen ein kleines Land verbünde, das neben Mandala liegt. Er wollte es bekämpfen. Aber ich habe Nein gesagt. Ich bin ein friedlicher König.«

»Oh ja«, sagt Jim. »Und ein mutiger König!«

Nun wird der König rot. Er lacht ein bisschen in seinen Bart. Dann steht er auf und sucht nach seiner Krone. Er findet sie auf dem Samtkissen, das auf der Kommode liegt. Er setzt die Krone auf und stellt sich vor die beiden Freunde.

»Lieber Jim und lieber Lukas, bevor ich euch einen Eimer Kühlwasser für die gute alte Emma mitgebe, möchte ich Jim noch als den mutigsten Untertan von Lummerland ehren.« Der König schaut sich um und sieht sein Schwert in einer Ecke stehen. Er holt

es. Jim und Lukas stehen auch auf und schauen
sich an. Das Schwert ist ein bisschen staubig und
hat Spinnweben am Griff. Der König wischt sie mit
seinem roten Mantel ab. Dann zieht er das Schwert
aus der Scheide und schwenkt es
ein paarmal über Jims Kopf.
»Auf dass du immer so
mutig bleibst, mein lieber
Jim, und selbst nach-
denkst, was wohl das
Richtige ist.«
Dann bekommt Jim
eine Medaille für sei-
nen Mut verliehen.
»Danke schön!«, sagt
Jim und kann es gar
nicht fassen.
Lukas nimmt den
Eimer Wasser
entgegen.
Es ist genau
Viertel vor
eins, als
sie das
Schloss
verlassen.

Alfons der Viertel-vor-Zwölfte winkt den beiden hinterher. Dann hören Jim und Lukas noch, wie das Telefon des Königs klingelt.

»Wir können wirklich froh sein um unseren König«, sagt Lukas.

Jim nickt. Er nimmt die Medaille, die um seinen Hals baumelt, in die Hand. In der Sonne glitzert sie so schön.

»Und auf dich bin ich richtig stolz, mein Junge«, sagt Lukas.

Emma pfeift ihnen zur Begrüßung zu und zischt vor Freude, als Lukas ihr das Wasser in den Kühler schüttet.

Bis der Kuchen fertig ist ...

Jim Knopf sitzt in der Küche von Frau Waas. Draußen regnet es.

»Wollen wir einen Kuchen backen?«, fragt Jim. Er isst nicht nur sehr gern Kuchen, er backt ihn auch gern. Frau Waas muss ihm nur ein bisschen dabei helfen.

»Ich glaube, es ist genau das richtige Wetter dafür«, sagt Frau Waas.

»Ich möchte einen Schokoladen-Gugelhupf machen«, sagt Jim und hat schon einen Holzlöffel in der Hand. »Wo ist die Schokolade?«

»Langsam, mein Junge. Zuerst verrühren wir die weiche Butter mit dem Zucker und den Eiern, dann kommt eine Prise Salz dazu ...«

»... und dann die Schokolade!«, sagt Jim. Seine Augen leuchten schon.

»Die kommt erst ganz zum Schluss über den Kuchen, als Glasur«, sagt Frau Waas.

»Ach ja«, sagt Jim. »Aber ich kann sie ja schon mal rauslegen.«

Im Nu stehen alle Zutaten auf dem Tisch. Das Gute am Kuchenbacken mit Frau Waas ist, dass ihr nie etwas fehlt, nicht mal ein Ei. Sie kann nämlich alles vorn in ihrem Kaufmannsladen holen.

Jim bindet sich eine Schürze um und legt auch das Rezept auf den Tisch. »125 Gramm Butter«, murmelt er und schneidet ein Päckchen Butter in der Mitte durch, denn ein Päckchen Butter hat 250 Gramm und die Hälfte davon sind genau 125 Gramm.

200 Gramm Zucker liest er im Messbecher ab. Eine Prise Salz ist genau das, was zwischen Zeigefinger und Daumen passt. Jetzt rührt er die Masse erst einmal schaumig. Dann gibt er die drei Eier dazu. Jim schlägt sie einzeln am Schüsselrand auf und

lässt sie in die Schüssel laufen. Dabei muss man sich sehr konzentrieren, denn wenn man zu sehr auf den Rand haut, zerbricht einem das Ei in der Hand – eine schöne Sauerei. Außerdem können Schalenstückchen in den Teig geraten. Das schmeckt dann später nicht so gut.

Jim gibt noch ein Tütchen Vanillezucker dazu. Hm, riecht das gut!

Dann misst er 400 Gramm Mehl ab, mischt einen Teelöffel Backpulver aus einem Tütchen darunter und gibt das Mehl – abwechselnd mit der Milch – dazu. Er muss ganz schön rühren, denn der Teig wird immer dicker und zäher. Einmal rutscht ihm der Löffel aus und eine Mehlwolke stiebt aus der Schüssel. Nun ist sein Gesicht ganz weiß.

»Jetzt siehst du aus wie ein Gespenst«, sagt Frau Waas und lacht.

»Huh huh!«, macht Jim. »Ich bin das große Kuchengespenst!«

Frau Waas wischt ihm das Gesicht ab und Jim rührt weiter, bis der Teig schön cremig ist. Dann füllt Jim die Hälfte des Teigs in eine andere Schüssel und gibt das Kakaopulver und noch mal 100 Gramm Zucker dazu – und ein letztes Schlückchen Milch. Nun wird es aber Zeit, dass er auch probiert, was er da so schön zusammengerührt hat.

»Hmh! Lecker!«, sagt Jim und steckt gleich noch mal seinen Finger in den Teig, schließlich kann man sich ja beim ersten Mal irren. Und auch beim

zweiten Mal, deshalb probiert er gleich ein drittes Mal.

»Jetzt ist aber genug, Jim«, sagt Frau Waas. »Sonst bekommst du noch Bauchschmerzen. Da ist ja Backpulver drin.«

»Wieso bekommt man von Backpulver eigentlich Bauchschmerzen?«, will Jim wissen.

»Weil das ein Triebmittel ist, das den Kuchen aufgehen lässt, und das kann den Magen reizen. So ähnlich wie Hefe beim Brotbacken.«

»Dann tun wir eben kein Backpulver rein«, schlägt Jim vor.

Aber Frau Waas findet das keine gute Idee. »Ohne Backpulver kann der Kuchen nicht aufgehen und wird nicht schön locker, sondern fällt in sich zusammen.«

Frau Waas reicht Jim die Gugelhupfform. Sie hat sie schon eingefettet und mit Semmelbrösel bestreut, damit sich der Kuchen nachher besser aus der Form löst.

Zuerst füllt Jim den hellen Teig in die Form, dann den dunklen Teig. Mit einer Gabel vermischt er die Masse. Das gibt später ein schönes Muster. Nun kann der Kuchen in den Ofen, wo er eine gute Stunde bei 180 Grad backt.

Das Schreckliche am Kuchenbacken ist, dass man

169

eine Stunde auf ihn warten muss. Und dann muss man noch mal warten, bis er abgekühlt ist! Denn von warmem Kuchen bekommt man auch Bauchweh. Außerdem hält die Schokoladenglasur auf einem heißen Kuchen nicht.

Gemeinsam mit Frau Waas räumt Jim die Küche auf. Ab und zu guckt er in den Ofen. Ja, der Kuchen ist schon gut aufgegangen.

Nach einer Weile sticht Frau Waas mit einer langen Nadel in den Kuchen. Jim weiß inzwischen, dass das ein Test ist, ob der Kuchen schon durchgeba-

cken ist. Wenn Teig an der Nadel kleben bleibt, muss er noch ein bisschen im Ofen bleiben. So wie jetzt.

»Weißt du noch, wie empört du warst, als du das erste Mal gesehen hast, dass ich in den Kuchen gestochen habe?«, fragt Frau Waas und lacht.

»Ja«, sagt Jim und muss auch lachen. »Ich dachte, du wolltest ihn erstechen. Aber das ist ja schon lange her.«

»Wollen wir vielleicht in der Zwischenzeit eine Runde *Mensch ärgere dich nicht* spielen?«, fragt Frau Waas.

Das ist wohl das Beste gegen Warten.

Endlich bleiben an der Nadel keine Teigreste mehr hängen. Frau Waas nimmt den Kuchen aus dem Ofen und stellt ihn auf den Herd.

»Der sieht ja wirklich gelungen aus«, sagt Jim.

»Und guck mal, was für ein schönes Muster er hat.«

»Ja, Jim. Das hast du fein gemacht.«

»Wir stellen ihn am besten vor das offene Fenster«, sagt Jim. »Dann wird er schneller kalt.«

Er trägt den Kuchen zum Fenster und schaut zu, wie er dampft. Aber der Kuchen dampft nicht nur, er duftet auch. Jim läuft das Wasser im Mund zusammen.

Jetzt könnte er sich schon mal an die Glasur machen. Die muss erst geschmolzen werden, bevor er sie über den Kuchen pinseln kann. Er öffnet die Packung und bröckelt die Schokolade in eine Schüssel. Die Schüssel stellt er in einen Topf mit heißem Wasser. Langsam wird die Schokolade weich und schmilzt. Jim rührt gut um und nascht ein bisschen Schokolade, man muss ja schließlich prüfen, ob sie auch gut ist. – Hm, ja, sie ist gut. Sehr gut sogar. Und das Beste daran ist, dass kein Backpulver drin ist und man getrost naschen darf, auch wenn sie warm ist. Frau Waas gibt ihm einen Kuchenpinsel. Als endlich der Kuchen nicht mehr dampft und abgekühlt ist, pinselt Jim die flüssige Schokolade auf den Kuchen. Das macht

noch mehr Spaß als Malen. Zum Schluss saugt er den Pinsel aus.
»Ja«, sagt Jim mit völlig verschmiertem Mund, »nicht schlecht für den Anfang.«
Und jetzt muss er schon wieder warten, denn die Glasur muss kalt und steif werden, wie Schokolade eben. Dann kann er endlich ein ganzes Stück Kuchen essen, mit allem Drum und Dran.

Lukas steht vor dem offenen Fenster. »Auf ganz Lummerland riecht es nach leckerem Kuchen«, sagt er und nimmt die Mütze ab. »Da bin ich dem Duft gefolgt ... bis hierher.«

»Dann komm rein, Lukas«, sagt Jim. »Der Kuchen ist fertig.«

Frau Waas deckt den Tisch. Herr Ärmel, ebenfalls von dem Duft angelockt, kommt vorbei und dann auch noch König Alfons der Viertel-vor-Zwölfte. Der hat zwar nicht viel Zeit, weil er dringend telefonieren muss, aber ein Stück von Jims Schokoladen-Gugelhupf kann er sich nun einmal nicht entgehen lassen.

»Wirklich köstlich«, sagt der König mit vollem Mund und alle stimmen ihm zu.

Jim strahlt. Mit Freunden schmeckt der leckerste Kuchen noch besser.

Und so wird der Schokoladen-Gugelhupf gemacht:

125 g weiche Butter
200 g Zucker
3 Eier
1 Prise Salz
1 Päckchen Vanillezucker
400 g Mehl
1 Teelöffel Backpulver
1 Tasse Milch
40 g Kakaopulver
noch mal 100 g Zucker und ein Schlückchen Milch
Fett und Semmelbrösel für die Backform

Die weiche Butter mit dem Zucker und den Eiern
schaumig rühren. Eine Prise Salz dazutun, dann
das Mehl mit dem Backpulver und die Milch
hinzugeben. Den Teig in eine eingefettete
Gugelhupfform geben (eventuell noch
mit Semmelbrösel ausstreuen) und in
der Mitte des Backofens bei 180 Grad
45 bis 65 Minuten backen
(Stäbchenprobe).

Jede Sternschnuppe ein Wunsch

An einem lauen Sommerabend sitzen Jim und Lukas an der Landesgrenze und schauen aufs Meer. Als es ganz dunkel wird und sie genug aufs Meer geschaut haben, sehen sie in die Sterne. Die leuchten heute besonders schön.

»Guck mal, der große Stern dahinten, der leuchtet ja ganz hell«, sagt Jim und zeigt in den Himmel.

»Das ist der Polarstern, der hellste Stern in unserem Sonnensystem. Und das ist der kleine Bär.« Lukas zeichnet mit dem Finger den kleinen Bär nach.

»Das sieht eigentlich eher aus wie ein Wagen«, sagt Jim. »Und guck mal, da gegenüber ist noch ein Wagen.«

»Ja. Den kleinen Bär nennt man auch ›kleinen Wagen‹. Das hast du richtig erkannt. Und du hast auch den großen Bär gefunden – oder den großen Wagen. Das ist ja wirklich enorm, was du für gute Augen hast.«

»Na ja, die Sterne leuchten heute so hell, da kann man gar nichts übersehen.«

»Stimmt«, sagt Lukas. »Wir haben heute eine sternklare Nacht.«

Jim zeigt wieder in den Himmel. »Und der Streifen da vorne, ist das die Milchstraße?«

»Ja, eine Straße aus Milch«, sagt Lukas. Jim stupst

seinen großen Freund an. Der lacht und versucht, ihn weiter auf den Arm zu nehmen. »Findest du nicht, dass sie sehr milchig aussieht?«

Jim schmunzelt. »Sie sieht nur von hier unten milchig aus, weil sie aus unzähligen Sternen besteht und viele von ihnen matt schimmern.«

Jim nimmt zwei Hände voll Sand und lässt ihn durch die Finger rieseln. Früher, als sie hier abends gesessen haben und in den Sternenhimmel geschaut haben, hat Lukas ihm erklärt, dass die Milchstraße aus Milliarden von Sternen besteht.

Und dann hat er zwei Hände voll Sand genommen und gesagt: »Das hier sind auch Milliarden von Sandkörnern. Man kann sich nicht wirklich vorstellen, wie viele es sind.«

Der Sand in Jims Händen fühlt sich gut an. Kühl und weich. Die Milchstraße ist heute ganz deutlich zu erkennen, als heller, schmaler Streifen. Jim findet, sie sieht sehr schön aus, ein bisschen wie ein Schleier.

Lukas legt einen Arm um Jim. »In der Milchstraße befindet sich unser Sonnensystem, also unsere Sonne mit ihren acht Planeten.«

Was Planeten sind, weiß Jim schon lange: Himmelskörper, die sich um die Sonne bewegen. Er kennt sogar die einzelnen Namen.

»Merkur, Venus, Erde, Mars, Jupiter, Saturn, Uranus und Neptun«, sagt er. »Und kannst du mir noch mal erklären, wie sich unsere Erde um die Sonne bewegt?«

»Sie kreist um die Sonne. Und das dauert genau ein Jahr. Deshalb haben wir auch die verschiedenen Jahreszeiten.«

»Ach ja«, sagt Jim und lässt sich nach hinten in den Sand fallen.

»Was machst du denn da, mein Junge?«

»So kann ich besser in den Himmel gucken.«

Lukas lässt sich auch in den Sand fallen. Jetzt liegen sie beide auf dem Rücken, die Hände über der Brust verschränkt.
Nach einer Weile sagt Jim: »Stell dir mal vor, man würde spüren, dass sich die Erde bewegt.«

»Das wäre bestimmt komisch«, sagt Lukas. »Zum Glück saust sie nicht um die Sonne, sondern dreht sich so langsam, dass wir das nur an den Jahreszeiten merken.«

»Schon beeindruckend, wie das alles funktioniert. Ganz von selbst wird es immer wieder Frühling, Sommer, Herbst und Winter ...«

»Da wirken große Anziehungskräfte, damit die Planeten auf der Umlaufbahn bleiben«, sagt Lukas.

Jim nickt.

Kleine Wellen plätschern leise an die Landesgrenze und es weht ein milder Wind. Jim könnte die ganze Nacht hier im Sand mit Lukas liegen und über Sterne reden.

»Woraus besteht so ein Stern überhaupt?«, will er jetzt wissen.

»Hauptsächlich aus Wasserstoff und Helium – das sind ganz leichte Gase, die Licht und Wärme ausstrahlen. Dass manche Sterne heller leuchten als andere, liegt an ihrer Größe und auch an ihrer Entfernung zur Erde.«

»Manche Sterne schimmern sogar bläulich oder rötlich«, sagt Jim.

»Ja, das hängt mit ihrer Temperatur zusammen. An der Farbe kannst du erkennen, wie heiß die Oberfläche eines Sterns ist. Heiße Sterne leuchten bläulich und kühle rötlich. Die bläulichen Sterne haben ungefähr eine Temperatur von fünfunddreißigtausend Grad Celsius und die rötlichen um die dreitausend Grad Celsius.«

»Das ist ja ein enormer Unterschied«, sagt Jim und versucht, einen bläulichen und einen rötlichen Stern am Himmel zu entdecken. »Wenn man bedenkt, dass unsere Körpertemperatur nur siebenunddreißig Grad Celsius beträgt ...«

»Wir sind ja auch keine Sterne, sondern Menschen aus Fleisch und Blut.«

»Und bei uns ist es genau umgekehrt«, sagt Jim. »Wenn wir frieren, werden wir bläulich und wenn uns heiß ist, haben wir einen roten Kopf.«

Lukas lacht. »Ja, das ist sicher ein wichtiger Unterschied zwischen Menschen und Sternen.«

Dann fällt ein heller Punkt vom Himmel und verschwindet am Horizont.

»Lukas, hast du gerade die Sternschnuppe gesehen?«

»Ja.«

»Weißt du noch, dass ich früher immer gedacht habe, da wäre ein Stern vom Himmel ins Wasser gefallen? Ich wollte ihn rausholen und wieder in den Himmel werfen, bevor er ganz nass wird.«

»Ja«, sagt Lukas. »Du hattest Angst, dass er erlischt

und nicht mehr leuchtet. Einmal wolltest du sogar ins Wasser springen und ihn retten. Ich konnte dich gerade noch davon abhalten.«
Jim schmunzelt. »Vielleicht sehen wir noch eine Sternschnuppe. Es müssten doch bald wieder die

Nächte kommen, in denen es am meisten Sternschnuppen gibt, oder?«

»Ja, mein Junge, das ist Anfang August. In den nächsten zwei, drei Nächten werden wir wohl eine Menge Sternschnuppen sehen.«

»Und was sind Sternschnuppen noch mal?«

»Kleine Staubpartikel. Dort oben gibt es nämlich einen Staubnebel, den die Erde auf ihrer Bahn einmal im Jahr durchkreuzt. Und dabei fallen kleine Stückchen herunter. Das sind die Sternschnuppen. – Und du weißt ja, was man macht, wenn man eine Sternschnuppe sieht?«

»Klar, man holt sie aus dem Wasser!« Jim lacht. Natürlich weiß er, dass man sich etwas wünschen darf.

»Guck mal, da ist schon wieder eine!«, ruft Jim. »Hast du dir was gewünscht, Lukas?«

»Nein, noch nicht. Das ging zu schnell, aber bei der nächsten wünsch ich mir was.«

»Ich mir auch«, sagt Jim.

Und dann sind die beiden ganz still und warten auf die nächste Sternschnuppe.

Der Schlaf ist wie eine Werkstatt

Jim, Lukas und Frau Waas sitzen in der Küche und haben gerade Abendbrot gegessen. Jim gähnt.

»Bist du müde?«, fragt Lukas.

»Nein, überhaupt nicht«, sagt Jim und gähnt noch einmal.

»Komm, mein Junge, ich bringe dich ins Bett«, sagt Lukas.

»Ich bin aber gar nicht müde«, sagt Jim. Seine Augen sind schon ganz klein.

»Ich lese dir noch eine Geschichte vor«, sagt Frau Waas.

»Ach, weißt du, heute würde ich gern

selbst eine Geschichte lesen, aber erst später. Ich bin wirklich nicht müde.«

Beim Zähneputzen hält Jim inne und fragt Lukas, noch mit Schaum im Mund: »Warum muss man eigentlich jeden Abend schlafen gehen?«

»Weil Menschen und Lokomotiven eine Pause machen müssen. Stell dir mal vor, wir würden unserer Emma ununterbrochen Kohlen zu futtern geben und sie würde fahren und fahren und fahren – Tag und Nacht. Irgendwann wäre der Kohlentender durchgeglüht. Und so ist das auch mit unserem Körper. Er braucht zwischendurch Ruhe, um sich zu erholen. Und das macht er im Schlaf.«

»Aber das kann er doch auch tun, wenn ich mich zwischendurch mal hinsetze«, sagt Jim.

Lukas kratzt sich am Kopf. »Das reicht leider nicht, mein Junge. Im Schlaf passiert ganz viel in deinem Körper. Dein Gehirn ist hoch aktiv, während du schläfst. Es sorgt dafür, dass bestimmte Botenstoffe ausgeschüttet werden und Hormone, zum Beispiel das Wachstumshormon. Dadurch wachsen deine Knochen und die Haare.«

»Das weiß ich schon«, sagt Jim. »Frau Waas hat mir erzählt, dass man im Schlaf am besten wächst.«

Lukas nickt. »Das Wachstumshormon ist auch für die Erneuerungen der Körperzellen zuständig. Es finden also sozusagen wichtige Reparaturarbeiten nachts statt.«

»Das ist ja praktisch«, sagt Jim. »Dann ist der Schlaf wie eine Werkstatt. Und morgens fährt man frisch repariert und poliert wieder in den neuen Tag.«

»Ja. So könnte man es auch sehen, mein Junge«, sagt Lukas. »Schlaf macht neu und munter.«

»Ich bin doch neu und munter«, sagt Jim. »Ich möchte noch nicht ins Bett. – Was passiert denn noch im Schlaf mit mir?«

»Dein Herz und dein Puls sind langsamer«, sagt Frau Waas. »Du atmest langsamer. Deine Muskeln sind völlig entspannt. Du verdaust nachts, was du abends gegessen hast. Dafür braucht der Körper Ruhe. Außerdem muss sich auch deine Wirbelsäule entspannen, sonst kann sie dich irgendwann nicht mehr tragen.«

»Und wie viel Schlaf braucht der Körper?«

»Na, deiner braucht bestimmt zehn Stunden. Frau Waas' und meiner kann schon mit acht Stunden auskommen. Je älter man wird, desto weniger Schlaf braucht man.«

»Dann möchte ich ganz schnell älter werden«, sagt Jim und reibt sich die Augen. »Zehn Stunden schlafen ist doch Zeitverschwendung!«

»Aber wachsen und älter werden kannst du nur, wenn du schläfst. Das gehört nun mal zum natürlichen Kreislauf des Lebens dazu«, sagt Lukas.

»Genau«, sagt Frau Waas. »Außerdem speichern wir nachts alles ab, was wir tagsüber gelernt haben. Deshalb ist es gut, wenn man sich abends vor dem Schlafengehen das, was man lernen möchte, genau anschaut. Dann speichert das Gehirn die Informationen und man weiß es am nächsten Morgen. Das ist sehr praktisch für die Schule, Jim.«

»Oh ja, gute Idee. Aber morgen ist keine Schule und ich brauche heute auch nichts zu lernen. Ich könnte eigentlich die ganze Nacht wach bleiben.«

»Man kann sich nicht gegen den Schlaf wehren«, sagt Lukas. »Da gibt es ein Hormon im Körper – es heißt Melantonin –, das stellt deine innere Uhr auf Schlafen um. Deswegen wird man abends müde.«

»Und wenn ich aber einfach wach bleiben will?«

»Möchtest du es mal ausprobieren?«, fragt Lukas.

»Auf ja!«, ruft Jim und ist schon wieder ganz wach. »Lasst uns die ganze Nacht *Mensch ärgere dich nicht* spielen – und später kann ich ja noch lesen. Oder Frau Waas liest mir was vor.«

Lukas lacht. »Ich weiß nicht, mein Junge, ob ich das so lange durchhalte. Aber wenn du willst, dann probieren wir es mal aus, nicht wahr, Frau Waas?«

»Ja«, sagt Frau Waas und muss gähnen. Dann holt sie das *Mensch-ärgere-dich-nicht*-Spiel.
In der ersten Runde gewinnt Jim. In der zweiten Runde gewinnt Frau Waas, in der dritten Runde gewinnt wieder Jim und dann sieht es so aus, als würde Lukas auch endlich mal gewinnen, aber Jim fallen langsam die Augen zu.
Sein Kopf wird ganz schwer, er muss ihn auf den

Tisch legen – und dann ist er auch schon eingeschlafen.

Frau Waas schüttelt seine Decke auf und Lukas trägt Jim ins Bett. Jim kuschelt sich ein und murmelt noch irgendwas – wahrscheinlich träumt er schon.

Im Traum kann man alles

Jim liegt im Bett. Er ist gerade aufgewacht. Nanu, wo ist er denn? Er ist doch eben noch über Lummerland geflogen, mit ausgebreiteten Armen, wie eine Möwe im Wind. Das war also nur ein Traum. Aber so ein schöner Traum. Er hat noch das Gefühl vom Fliegen im Bauch.

»Guten Morgen, Jim!«, sagt Frau Waas, als er in die Küche kommt.

Lukas ist auch da. Er macht gerade eine Frühstückspause, mit Tee und Butterbrot.

»Na, mein Junge, hast du gut geschlafen?«, fragt Lukas.

Jim nickt.

»Hast du auch was Schönes geträumt?«

Jim erzählt davon, wie er über Lummerland geflogen ist und Emma von oben gesehen hat.

»Wie gut, dass in Träumen alles möglich ist«, sagt Frau Waas.

»Was sind Träume eigentlich?«, fragt Jim. »Und warum träumt man, wenn man schläft?«

Lukas kratzt sich am Kopf. »Soviel ich weiß, verarbeitet unser Gehirn nachts alle Informationen, Erlebnisse und Bilder, die wir im Laufe des Tages gesammelt haben. Und dabei können wir wohl zuschauen.«

»Ich habe aber heute Nacht nicht nur zugeschaut, ich bin selbst geflogen, ganz hoch, über Lummerland. Ich kann es jetzt noch in meinem Bauch fühlen.«

»Oh wie schön!«, sagt Frau Waas. »Träume, in denen ich fliegen kann, sind meine Lieblingsträume.«

»Meine auch«, sagt Jim. »Aber die, in denen ich mit Prinzessin Li Si zusammen bin, sind genauso schön wie die Flugträume.«

»Ich habe mal gelesen, dass wir sogar ein Viertel der Nacht träumen, und zwar in einer Schlafphase, die man REM-Phase nennt. Das ist der aktivste Teil des Schlafes.« Lukas wischt sich ein paar Brotkrümel vom Mund und trinkt einen Schluck Tee. Er schaut Jim an. »Was meinst du denn, was ein Traum ist?«

Jim überlegt nicht lange. »Eine Nachtgeschichte, in der ich meistens selbst mitspiele und in der alles

192

möglich ist. Ein bisschen ist das auch so, wenn ich tagsüber träume, mit offenen Augen. Nur reicht die Kraft dann nicht zum Fliegen. Am Tag sind meine Beine zu schwer dafür. Träume am Tag sind wie kleine Wolken, die vorbeiziehen und auf denen man kurz mitschweben darf.«

Frau Waas lächelt. »Das hast du sehr schön gesagt, Jim. Genauso ist es bei mir auch. Ich liebe Tagträume. Ich muss nur ein bisschen Ruhe haben und aus dem Fenster schauen und schon schweben meine Gedanken davon.«

Jim möchte aber doch noch ein bisschen mehr über die Träume in der Nacht wissen. »Du, Lukas«, sagt er. »Träumen wir jede Nacht? Manchmal wache ich morgens nämlich auf und weiß nicht genau, ob ich was geträumt habe. Ich kann mich dann nicht erinnern. Wieso ist das so?«

»Nun, ich bin ja kein Traumforscher«, sagt Lukas und legt einen Arm um seinen kleinen Freund. »Aber ich glaube, man träumt auch, wenn man sich am nächsten Morgen nicht erinnert. Dann sind die Informationen und die Bilder, die wir nachts verarbeiten, in einem Teil des Gehirns, zu dem wir tagsüber keinen Zugang haben. Das nennt man das Unterbewusstsein. Sie sind tief in uns verborgen, aber nicht verloren. Und manchmal – in bestimmten Situationen – kann es sein, dass wir uns an Teile davon erinnern.«

»Ja«, sagt Jim, »ich habe auch schon erlebt, dass morgens Traumreste verdunsten wie der Tau in der Sonne. Und dann habe ich nur noch das Gefühl, geträumt zu haben.«

»Besser keine Träume als Albträume«, sagt Frau Waas. »Albträume sind ganz schrecklich!«

»Wenn man verfolgt wird ...«, sagt Lukas.

»... oder ganz tief fällt«, sagt Frau Waas und schüttelt sich.

»... oder nicht vorankommt. Das ist ein scheußliches Gefühl«, sagt Jim.

»Was das wohl zu bedeuten hat, wenn man so einen Quatsch träumt?«, sagt Frau Waas.

Jim erzählt den beiden anderen, dass er im Palast von Prinzessin Li Si ein Buch gesehen hat, in dem Träume gedeutet wurden. Er hat es mit Li Si durchgeblättert und gelesen, dass die Menschen schon seit jeher versucht haben, Erklärungen für ihre Träume zu finden.

»Ich habe auch schon mal in so ein Buch geschaut«, sagt Frau Waas, »und gelesen, dass Träume, in

denen man fällt, Warnträume sind. Das heißt, man kann in eine unangenehme Sache stolpern.«

Lukas schmunzelt. »Und wisst ihr, was viele Indianer machen, um schlechte Träume fernzuhalten?«

Frau Waas und Jim schütteln den Kopf.

»Sie weben aus bunten Bändern und Federn *dreamcatcher* – das heißt Traumfänger –, die man sich über das Bett hängt. Sie weisen schlechte Träume ab.«

»Oh, das ist ja schön, dass es etwas gegen Albträume gibt«, sagt Jim. »Dann wünsche ich mir, dass wir bald mal wieder Prinzessin Li Si besuchen und ganz viele Kinder aus aller Welt zu ihr einladen. Prinzessin Li Si kennt nämlich auch Indianerkinder. Die können uns vielleicht zeigen, wie man *dreamcatcher* webt, und kein Kind muss mehr Angst vor Albträumen haben.«

»Das ist ein schöner Wunschtraum, den du da hast, mein Junge«, sagt Lukas und trinkt seinen Tee aus. »Und mit Wunschträumen ist es ja so: Wenn man fest genug an sie glaubt, gehen sie auch in Erfüllung.«

Mein bester Freund

Es ist Nachmittag. Die beiden Lokomotivführer ruhen sich auf dem kleinen Berg von Lummerland im Schatten aus. Jim hat seine Schuhe und Strümpfe ausgezogen und lässt sich den lauen Wind um die Zehen pusten. Lukas hat sich ausgestreckt und die Arme unter dem Kopf verschränkt. Jim blinzelt in den Himmel. Er ist strahlend blau. Ab und zu zieht eine Wolke vorbei oder ein Vogel.

»Du bist doch mein bester Freund, Lukas, oder?«, fragt Jim.

»Natürlich«, sagt Lukas. »Dein allerbester Freund sogar.«

»Aber wie sind wir eigentlich Freunde geworden?«

»Ach«, sagt Lukas, »das ging ganz schnell. Ich kann mich noch gut daran erinnern, wie du auf die Insel kamst. Du warst in einem Paket. Frau Waas und ich haben uns gewundert, wieso das Paket Luftlöcher hatte. Ich dachte schon, da sei ein Ka-

ninchen drin oder eine Katze, aber dann kam ein kleines, knuddeliges Baby zum Vorschein: du!«
Jim bricht einen trockenen Grashalm ab und zerbröselt ihn.
»Du hast mich gleich angelächelt«, fährt Lukas fort, »mit deinen großen, glänzenden Augen. Da wurde mir ganz warm ums Herz. Als du dann deine kleine schwarze Hand nach mir ausgestreckt hast und ich dir meine große schwarze Hand gegeben habe, da war mir klar, du bist mein allerbester Freund, auch wenn du noch ein Baby warst. Ich habe es gleich

gespürt. Und wie man sieht, habe ich mich ja nicht getäuscht. Wir sind bis heute die dicksten Freunde und ich hoffe, wir werden es auch ein Leben lang bleiben.«

Jim nickt. Er mag diese Geschichte. Es ist sogar seine Lieblingsgeschichte.

Seinetwegen könnte Lukas jeden Tag erzählen, wie er damals nach Lummerland kam, obwohl es ihn manchmal auch traurig stimmt, denn bis heute hat er noch nicht herausgefunden, wo er eigentlich herkommt. Und so viel ist auch Jim klar: Normalerweise werden Kinder nicht in Paketen verschickt, sondern haben eine Mutter. Frau Waas ist zu ihm zwar wie eine gute Mutter, aber sie ist nicht seine echte Mutter. Er ist ja nicht aus ihrem Bauch, sondern aus einem Paket gekommen. Also muss es jemanden geben, der ihn in das Paket gesteckt hat und eigentlich auch eine echte Mutter, in deren Bauch er zum Baby herangewachsen ist. Aber seine leibliche Mutter kennt Jim nicht.

»Ist Frau Waas denn dann auch eine Freundin?«, fragt Jim Lukas.

Lukas setzt sich auf und rückt sich die Mütze zurecht. »Ja, so könnte man es nennen, obwohl sie eher eine Mutter als eine Freundin ist, findest du nicht?«

Jim zuckt die Schultern. »Das ist schwer zu sagen, denn ich weiß ja nicht, wie eine richtige Mutter ist.« Lukas nickt. »Ich habe dir ja versprochen, dass wir herausfinden werden, woher du gekommen bist. Und ich bin mir sicher, wir werden es bald wissen.« Jim strahlt seinen großen Freund an.

Lukas rutscht näher zu Jim und legt ihm einen Arm um die Schulter. »Ja, mein Junge, das habe ich dir versprochen. Und richtige Freunde können sich aufeinander verlassen. So, wie ich mich auf dich verlassen kann.«

»Und ich mich auf dich«, sagt Jim. »Du würdest mich doch nie beschwindeln, oder?«

»Nein, das würde ich wahrhaftig nicht«, sagt Lukas.

»Und wenn du mir etwas versprichst, dann hältst du es, nicht wahr?«

Lukas nickt. »Genau wie du, Jim, nicht wahr?«

»Na ja, meistens jedenfalls. Immer geht es nicht.«

»Nein, aber wenn es drauf ankommt. Zum Beispiel, wenn wir uns verabreden, kommst du und versetzt mich nicht.«

»Ja«, sagt Jim. »Das ist doch klar.«

»Na so klar ist das gar nicht. Ich habe schon viele Leute in meinem Leben kennengelernt, die viel versprochen, aber nur wenig davon gehalten ha-

ben. Es gibt eben nur ganz wenige wirklich gute Freunde. Mit den meisten ist man befreundet, aber ich glaube, es gibt nur einen besten Freund.«

Jim schaut Lukas von der Seite an und strahlt.

»Und in meinem Fall bist du mein bester Freund«, sagt Lukas. »Wir beide, wir gehen durch dick und dünn.«

»Ja«, sagt Jim. »Und durch trocken und nass.«

»Und durch hügelig und flach.«

Sie lachen.

Lukas steht auf und klopft sich die Hose ab. »Und weißt du, wer unser beider beste Freundin ist?«

»Frau Waas!«, sagt Jim sofort.

»Die auch«, sagt Lukas. »Aber wir haben noch eine, die mit uns durch dick und dünn geht und durch nass und trocken und vor allem durch den dunkelsten Tunnel.«

»Emma!«, ruft Jim und steht auch auf.

Lukas nickt. »Ja, mein Junge. Auf unsere gute alte Emma ist immer Verlass.«

Und als hätte Emma gehört, was die beiden über sie gesagt haben, fängt sie an zu pfeifen und pustet ordentlich Rauch aus.

Die beiden Freunde schauen von dem kleinen Berg hinunter zur Bahnstation, wo Emma ihnen wohl klarmachen will, dass sie nichts gegen eine Inseltour hätte.

Oder sogar eine weite Reise? Eine Erkundungsreise, bei der Jim endlich herausfindet, wo er herkommt.

Jim setzt sich auf den Hosenboden und rutscht den Abhang hinab zu Emma. Lukas braucht ein bisschen länger, bis er unten ankommt – bei seinen beiden besten Freunden.

Ende, Michael:
Jim Knopf findet's raus
Geschichten über Lokomotiven, Vulkane und Scheinriesen
ISBN 978 3 522 18229 4

Text: Beate Dölling nach Motiven von Michael Ende
Illustrationen: Mathias Weber nach den Originalen von F. J. Tripp

Einbandtypografie: Michael Kimmerle
Innentypografie: Marlis Killermann
Schrift: Candida und Twizot
Satz: KCS GmbH in Buchholz/Hamburg
Reproduktion: Photolitho AG, Gossau/Zürich
Druck und Bindung: Livonia Print, Riga
© 2010 by Thienemann Verlag
(Thienemann Verlag GmbH), Stuttgart/Wien
Printed in Latvia. Alle Rechte vorbehalten.
5 4 3 2 1° 10 11 12 13

www.thienemann.de